Desperteu-vos, fills!

Diàlegs amb
Sri Mata Amritanandamayi

Volum 8

Swami Amritaswarupananda

Mata Amritanandamayi Center, San Ramon
Califòrnia, Estats Units

Desperteu-Vos, Fills!
Volum 8

Publicat per:
Mata Amritanandamayi Center
P.O. Box 613
San Ramon, CA 94583
Estats Units

———————————— *Awaken Children, Volume 8 (Catalan)* —————————

Primera edició catalana per Mata Amritanandamayi Center: abril 2016

A Espanya:
www.amma-spain.org

A l'Índia
www.amritapuri.org
inform@amritapuri.org

Aquest llibre és ofert humilment
als peus de lotus de la Santa Mare
Sri Mata Amritanandamayi,
la llum brillant immanent al cor de tots els éssers

Vandeham saccidānandam bhāvātītam jagatgurum |
Nityam pūrnam nirākāram nirgunam svātmasamsthitam ||

Jo m'agenollo davant al Mestre Universal que és Satcidananda (Ésser pur-Coneixement-Absoluta Benaurança),el Qual és més enllà de tota diferència,i és etern,totalment perfecte,sense atributs ni forma centrat en l'Ésser suprem.

Saptasāgaraparyantam tīrthasnānaphalam tu yat |
Gurupādapayōvindōh sahasrāmśena tatphalam ||

Qualsevol mèrit que un pugui adquirir,mitjançant peregrinatges i banys amb aigua sagrada dels set mars,no pot ser igual ni una mil. lèssima part del mèrit que s'obté bevent l'aigua en què han estat rentats els peus del Guru.

Guru Gita, verses 157, 87

Contingut

Presentació   7

Capítol 1   9
    Jocs innocents   9
    Uns ulls que somriuen   13
    Un pessic i una carícia   14

Capítol 2   17
    Les relacions humanes   17
    Maternitat: El meravellós regal de Déu a les dones   18
    Vida conjugal   19
    Reconeixeu i admireu les bones qualitats dels altres   22
    Els signes d'una veritable relació   26

Capítol 3   30
    El secret de la bellesa dels infants   30
    El creixement i la maduresa veritables   33

Capítol 4   39
    Sí, jo sóc Kali   39
    Sapigueu que l'ésser superior és desinteressat i sense ego   40
    Observeu la ment   42
    L'absència total d'egoisme és espontània   43
    La ment negativa   48

Capítol 5   51
    L'amor i la llibertat   54
    Viviu d'acord amb el vostre propi dharma   57
    Com detectar i eliminar la còlera   59
    Pregunteu-vos: per què no puc somriure i ser feliç?   61
    Vigilància i Shraddha   63
    Vosaltres sou la llum de Déu   64
    La Mare que consola   66
    Ningú hauria de ser castigat eternament   67

Capítol 6   70
    El respecte sense amor engendra por   70
    La relació guru-sishya a les antigues gurukules   75
    El sistema educatiu modern i les vies dels antics mestres   77

L'art de la relaxació   81
La tècnica de la relaxació   88

Capítol 7   **91**
   La mare de l'univers   91
   La por bloqueja l'espontaneïtat   93
   La solitud, plenitud o mancança   94
   L'esforç personal en la presència del Satguru   99

Capítol 8   **102**
   El treball com a adoració   102
   Encara que vosaltres no us ho cregueu, la vostra naturalesa
   divina roman inalterable   105
   Només la poncella pot esclatar   106
   N'hi ha prou amb la presència d'un Mestre Veritable   110
   L'amor només pot existir quan no hi ha força   113
   Com el sol que lluu i el vent que sempre bufa   114

Capítol 9   **116**
   Sentiu el dolor dels qui pateixen   116
   El sentiment d'estar encadenat   119
   Unitat, i no pas relació   121
   No culpeu les circumstàncies   122

Capítol 10   **127**
   Un contacte guaridor   127
   Com superar la por   128

Capítol 11   **133**
   La Mare omniscient   133

Capítol 12   **136**
   La mort només és un canvi   136

Capítol 13   **141**
   Amma instrueix un cec   141

Glossari   **145**

❁ ❁ ❁

La majoria dels esdeveniments que s'expliquen en aquest llibre són de l'any 1986,si bé també n'hi ha alguns del 1984 i 1985.

❁ ❁ ❁

Presentació

Per mitjà d'aquest llibre ens arriba, una vegada més, la infinita saviesa de la Mare. Quan un Mestre perfecte com Amma parla, parla la pura Consciència; parlen les veus de Krishna, de Rama, de Buda, de Crist i de tots els mestres del passat, del present i del futur. Parla la mateixa veu de Déu.Veritablement, les paraules de la Mare no són simples paraules perquè són plenes d'una consciència pròpia. Dins de cada paraula que la Mare pronuncia, hi podem trobar la seva energia espiritual incondicional si sabem llegir amb una ment meditativa i contemplativa.

Parlant-nos així, a través d'aquest llibre, la nostra estimada Mare ens inspira i ens eleva espiritualment, ens ofereix un tast de la veritat, que ens ajudarà finalment a fondre'ns en l'oceà indescriptible de sat-chit-ananda (ésser, consciència, benaurança).Per damunt de tot, la presència tan encantadora i purificadora d'aquesta gran Mestra és el terreny més fèrtil perquè les flors dels nostres cors es puguin obrir i s'expandeixin.

La Mare no diu mai res de la seva grandesa. Però el fenomen misteriós que Ella representa té un poder irresistible.

L'amor i la compassió divina que difon la Mare són inimitables. Irradia pau i joia. La seva existència és perfecta i completa.

Les paraules de la Mare són raigs lluminosos de veritat que ens transmeten el missatge immortal de la realitat absoluta.

Podem estudiar indefinidament les escriptures, però això no farà que succeeixi res, no es donarà cap progrés espiritual si no trobem un mestre com Amma. Només estant en la Seva presència respirem el perfum diví de sat-chit-ananda que desprèn. Amma desprèn una flaire infinita; la presència de Déu esdevé tangible per a nosaltres i aprenem directament a ser el nostre veritable Ésser.

Swami Amritaswarupananda
M.A. Math, Amritapuri, India

Capítol 1

Jocs innocents

La Mare semblava una bella estàtua de color blau marí. Seia en un estat de profund *samadhi* davant d'un edifici nou que s'estava construint a l'Ashram. Estava envoltada de la majoria dels residents i d'una família de visitants. Tots se la miraven. El sol brillava, càlid i lluminós, com cercant de percebre el cos de la Mare i acariciar-lo amb els seus raigs daurats. Mentre els devots contemplaven fascinats el seu bellíssim rostre, Amma va obrir els ulls i els somrigué. Quan la Mare somriu, tots els cors s'obren i hom no pot evitar de somriure. El seu dolç somriure té un efecte meravellosament guaridor. Sense dir ni un mot, pot expressar la Seva divinitat en una mirada, un somriure o un contacte. Trobar-se assegut en presència d'Amma esdevé una experiència de comunió directa amb la divinitat. Aquest lloc sagrat, Amritapuri, constantment il·luminat per la presència de la Mare, on es pot experimentar un corrent sens fi d'amor suprem i la profunditat del coneixement veritable, recorda les *gurukules* [1] dels antics *rishis*.

Amma començà a jugar amb una nena que encara no devia tenir dos anys i que havia vingut a l'Ashram amb la seva família. La nena tenia una llaminadura a la mà i Amma li va allargar la mà dreta i li digué, tot dient: "Dóna'n una mica a Amma". La nena es va quedar mirant-La una bona estona amb els ulls esbatanats. De sobte, es va girar i se'n va anar amb els seus pares corrents i rient. Amma la va empaitar fins que la va atrapar i la va portar altra vegada al lloc on Ella havia estat asseguda. La nena s'estava tranquil·lament a la falda d'Amma. La Mare va obrir la boca i li demanà a la nena una

---

[1] Ermites on antigament se solia enviar els nens per estudiar amb un mestre per un període de dotze anys.

mica de pastisset. Aleshores la nena somrigué i l'hi apropà als llavis. Quan Amma l'anava a mossegar, la nena l'apartà sobtadament i se'n va anar corrents de la seva falda, la qual cosa va fer somriure a tothom. La Mare, divertida, esclatà a riure. Un dels devots va comentar: "La nena és com Tu, Amma", fent referència a *Krishna Bhava*, quan la Mare solia alimentar els devots amb *prashad* amb una actitud entremaliada que recordava els jocs de l'infant Krishna. La santa Mare no estava disposada a cedir tan fàcilment. Va empaitar la nena fins que la va tornar a portar al mateix lloc. Semblava que Amma s'hagués tornat també una nena petita innocent. La petita, altre cop asseguda a la falda de la Mare, també gaudia del joc. Amma tornà a obrir la boca perquè la nena li donés menjar. Els pares l'animaven a fer-ho dient-li: "Kunji (petita), dóna-n'hi una mica a la Mare! Oi que tu l'estimes molt, la Mare?"

Contemplant el bell rostre d'Amma, la nena li acostà la llaminadura als llavis i quan, una altra vegada, la nena anava a enretirar la mà i a sortir corrents, la Mare li va agafar la maneta i va mossegar una punteta de pastís. Això ja va ser massa per a la petita; es va posar plorar i va llençar la llaminadura a la falda de la Mare. En veure la reacció innocent de la criatura, Amma esclatà a riure i tots els presents, fins i tot els pares de la criatura, van fer el mateix. La nena va agafar una bona enrabiada i acabà rodolant per terra. Amma se la mirava i digué: "Ella ha sentit que ens en rèiem". De seguida l'alçà del terra i la va consolar. Amma demanà a la Bri. Gayatri (Swamini Amritaprana) que li portés una altra llaminadura i la criatura va estar encantada de rebre-la però també volia l'altra llaminadura. Ara en tenia una a cada mà i deixà de plorar asseguda de nou a la falda de la Mare. Algú va comentar: "La nena vol la primera llaminadura perquè és el *prashad* d'Amma."

Quan tot es va calmar, la nena va tornar a mirar el rostre de la Mare. De sobte, apropà les dues llaminadures als Seus llavis i les hi oferí de bon grat. Mantingué les mans en la mateixa posició fins que Amma va obrir la boca i en va menjar una mica de cada una.

La nena n'hi volia donar més, però Amma li digué tendrament: "No filleta, és per a tu! Amma ja en té prou!" Després la va abraçar amorosament i li féu un petó. Amb la nena encara a la seva falda, la Mare va començar a cantar *Chilanka ketti* com si fos una cançó de bressol.

Chilanka ketti

Oh Tu, el dels ulls de lotus,
posa't els braçalets al turmell i vine de seguida!
vine dansant!
Mentre cerquem el teus peus tendres
cantem el teu nom diví.

Oh fill de Devaki, vida mateixa de Radha,
oh Kesava, Hare, Madhava [2]*,*
oh Tu que has vençut el dimoni Putana,
Tu que has destruït el pecat,
Infant de Gokula, vine de seguida!

Oh pastoret, vine dansant!
oh tu que has vençut Kamsa,
que has dansat sobre la serp Kalija,
oh Kesava, Hare, Madhava,
Tu que et compadeixes
dels qui es refugien en tu,
oh personificació de l'om,
protector dels qui estan en perill,
afanya't!
Oh melodia de benaurança,
vine dansant!

Oh protector dels Pandaves,
destructor de pecats,

---

[2] Noms de Krishna

11

oh Kesava, Hare, Madhava,
oh nèctar de la Gita,
afanya't !
Oh Benaurança del cor,
vine dansant!

La nena restà encara tranquil·lament una estona a la falda d'Amma fins que tornà amb els seus pares. La Mare es va estirar a terra amb el cap a la falda de Gayatri.

Un dels *brahmacharis* li va preguntar: "Gairebé totes les criatures ploren en el moment de néixer, però, Amma, Tu vas somriure en venir al món. Què significa, això?"

Amma: "Un nadó sol plorar perquè per a ell el món és un lloc estrany. Després de nou mesos dins el ventre de la mare, el nadó es troba en un espai nou. Mentre és al si matern, el trànsit intestinal, l'escalfor del sistema digestiu de la mare i el constant moviment dels processos corporals fan que la criatura se senti incòmoda. Durant nou mesos i nou dies la criatura experimenta aquesta incomoditat, fins al moment del trànsit del part, en què experimenta una compressió sufocant. Després, el nounat torna a sentir la incomoditat a causa de la pressió atmosfèrica i de l'entorn estrany. Per al nadó es tracta d'un món rar i desconegut. Per això plora de desesperació.

Però per a Amma aquest món no tenia res d'estrany. Tot li era perfectament familiar i qui coneix perfectament el món no pot fer altra cosa que somriure. Qui percep l'univers sencer com un joc de la Consciència, què pot fer, sinó somriure? Quan es té el poder, la mirada penetrant que permet veure la realitat darrere les aparences, no es pot fer altra cosa que somriure. Aleshores únicament es percep allò que és immutable dins l'exterior constantment canviant. No es veu la closca exterior de la llavor, sinó l'arbre que conté, la realitat, la veritable naturalesa de totes les coses. Des del moment que es té la capacitat de veure la realitat, res no és estrany o desconegut; l'univers sencer resulta familiar i somriem, no pas de tant en tant, sinó contínuament. La vida es transforma en un gran somriure.

Somriem no només en els moments de felicitat sinó també en els de tristesa. Fins i tot davant de la mort somriem. L'espiritualitat és això. És un somriure profund i sincer davant de totes les situacions de la vida.

Quan se senten tristes i desesperades, les persones? Quan es troben en situacions estranyes i no saben què fer o a on anar, quan se senten desemparades i no tenen a qui recórrer; davant del fracàs, la pèrdua, la malaltia i la mort. Les persones se senten impotents en aquestes situacions, sobrepassades per la desesperació i ploren perquè no troben la manera de superar-les.

Una ànima perfecta, però, coneix el misteri de la vida; sap que tot el que passa al seu voltant és tan sols un joc de la Consciència. El seu esguard pot penetrar més enllà dels tres períodes del temps i contemplar la realitat. Una ànima perfecta coneix la veritat que és origen de l'univers, la veritable existència, el fonament del món. Sap cap a on va tot i on tot acabarà per fondre's.

Aquest coneixement, l'omnisciència, és el que permet a una ànima perfecta somriure davant de tot."

Uns ulls que somriuen

"En el moment que ho sapigueu tot, quan els vostres ulls puguin mirar més enllà del passat, el present o el futur, no només somriuran els vostres llavis, els vostres ulls també somriuran. Mireu la imatge de Kali ballant sobre el pit de Shiva. Malgrat el seu aspecte ferotge, hi ha un somriure als seus ulls. Aquest somriure és el de l'omnisciència. Els ulls de Krishna somreien. Tots els grans mestres tenen un somriure únic als ulls. Quan els vostres ulls tinguin el poder de penetrar més enllà de l'aspecte superficial de l'existència, aleshores brillaran de joia. Veieu la realitat, la que es troba internament i per això somrieu.

L'aparença externa és una mentida. Però aquesta falsa aparença ja no us pot enganyar quan heu après l'art de penetrar i de veure-hi a través de totes les coses.

N'hi ha prou amb la vostra mirada per desemmascarar el lladre i el mentider. Aleshores desapareix la falsa aparença i la veritat surt a la llum. El somriure dels ulls significa: "Jo sé la veritat." És el senyal de la perfecta omnisciència". En acabar la conversa, la Mare de sobte va començar a rodolar per terra. Els residents que L'envoltaven estaven familiaritzats amb els estats estranys de la Mare i de seguida es van apartar per deixar-Li espai. Sabien que en aquelles ocasions Amma no volia que La toqués ningú i preferia estirar-se a terra. Amma estava estirada mirant cap al cel, aixecà la mà dreta fent la forma d'un mudra sagrat i començà a emetre uns sons estranys, com si conversés amb algú en un idioma desconegut. Estava completament immòbil. Al cap d'una estona va tancar els ulls i el seu rostre s'il·luminà amb un meravellós somriure que el féu resplendir d'una manera extraordinària.

La Mare restà en aquesta posició uns deu minuts.

Tot seguit començà a repetir el seu mantra habitual: "Shiva, Shiva", es va aixecar i es dirigí cap al vell temple, hi entrà i, després de tancar les portes, s'hi va estar durant aproximadament mitja hora.

Un pessic i una carícia

La descripció que Amma ens ha fet d'Ella mateixa i de la seva omnisciència ens mostra que des del moment del seu naixement posseïa una perfecta consciència de la seva naturalesa divina. Quina emoció escoltar dels seus llavis aquesta gran veritat!

L'afirmació de la Mare sobre el fet que un *Mahatma* té accés als tres àmbits del temps ens recorda el que li va passar a un devot que venia de Bangalore amb la seva esposa per veure per primera vegada la Mare.

La llarga filera de devots avançava lentament cap a Amma que, com sempre, rebia els seus fills un per un. Quan va arribar el torn d'aquell devot, la Mare, sense dir res, va pessigar-lo amb força. El devot es va enfadar tant que estava a punt d'esclatar de ràbia. El motiu de la seva reacció irada era que de petit els seus pares solien pessigar-lo i ell no ho podia suportar. Si els mestres el pessigaven de tant en tant perquè no feia els deures o no se sabia la lliçó, era capaç d'arribar a barallar-s'hi. Els deia: "Si voleu, pegueu-me amb un bastó o feu-me fora de classe, però no em pessigueu mai".

Així, aquell dia que es va apropar a la Mare i Ella el va pessigar, el seu enuig va ser fortíssim. Però abans que tingués temps de protestar, Amma l'apropà a la seva falda i va començar a pentinar-lo suaument amb els dits. En aquell moment el devot es va commoure tan profundament que tota la seva ira es va fondre i començà a vessar llàgrimes de felicitat.

Aquest sentiment també tenia una explicació precisa: el devot tenia el costum de demanar als nens petits que li acariciessin els cabells de la mateixa manera que ho estava fent la Mare en aquell moment. Li agradava tant, que quan estava estirat al llit demanava als nens que el pentinessin suaument amb els dits fins que s'adormia.

Això li agradava més que cap altra cosa, per tant, es va adonar de seguida de l'omnisciència de la Mare: primer l'havia pessigat i després l'acariciava i el pentinava amb els seus dits. Això fou una revelació. "Heus aquí algú que ho sap tot de mi, el que més m'agrada i el que més detesto, algú que llegeix dins meu com en un llibre obert."

No calgué res més perquè es rendís als peus de la Mare.

El devot digué: "Quan Amma em va aixecar el cap de la seva falda, vaig contemplar el seu rostre totalment meravellat. Ella em va somriure i em va dir: "El que més odies és que et pessiguin i que et pentinin els cabells és el que més et complau, oi?" Aquell pessic i aquelles carícies m'estaven fent sentir que la Mare em deia: "Fill meu, Amma ho sap tot de tu." Vaig quedar bocabadat i des d'aleshores no he dubtat de l'omnisciència de la Mare.

Capítol 2

Les relacions humanes

A bans dels *bhajans* del vespre, la Mare es va asseure a la banda oest del temple. De seguida es va trobar envoltada de residents i d'uns devots, tots ells membres d'una família. Un d'ells, que era gerent d'un banc, va demanar a la Mare que parlés de les relacions humanes.

Amma digué: "Una veritable relació només es pot desenvolupar si existeix una entesa apropiada entre l'home i la dona, entre amics, i fins i tot entre els que estan involucrats en qualsevol mena de relació. A la vida hi ha diferents etapes. El matrimoni és una d'aquestes etapes i una de les més importants. Una persona que viu al món (per exemple, un pare de família) per tal de poder fer una vida plena i productiva cal que visqui l'etapa matrimonial amb tant amor, tanta intimitat, tant compromís i tanta consideració com sigui possible. La vida de parella, si es viu amb l'amor i la comprensió que cal, ajuda a despertar la feminitat que hi ha en l'home i la masculinitat que hi ha en la dona. Aquest equilibri pot ajudar-los a aconseguir la meta final de la llibertat eterna.

Si la parella fa els passos necessaris, tot fent l'esforç d'entendre's i respectar-se mutuament els sentiments, tots dos podran viure plenament les seves vides. Tots dos haurien d'estar disposats a perdonar les faltes i debilitats de l'altre. La vida en matrimoni pot esdevenir un bon terreny d'aprenentatge on la parella desenvolupi qualitats com la paciència i la humilitat.

A l'Índia això és més fàcil, ja que les dones d'aquest país acostumen a ésser de naturalesa més dolça i menys agressiva. L'ego d'un home el manté a ratlla la humilitat i la paciència d'una dona. Malgrat que la societat moderna està canviant ràpidament, la cultura bàsica de l'Índia roman inalterable. Però per viure un equilibri i un sentit d'harmonia a la vida matrimonial, els homes haurien d'intentar no ser agressius, arrogants o presumptuosos amb les dones, i no haurien de voler dominar-les. A l'Índia, a voltes els homes pensen que tenen dret a controlar les dones i que una dona mai no ha de passar al davant d'un home. Aquesta és una actitud equivocada, deguda a la manca de comprensió de la cultura transmesa pels savis i profetes de l'antiguitat."

Maternitat: El meravellós regal de Déu a les dones

"Una dona hauria d'ésser respectada i s'hauria de tenir molt en compte. Caldria reconèixer les seves qualitats maternals i donar-li una merescuda situació d'igualtat amb els homes en la societat. A l'ensems, ella hauria de saber que el millor regal que Déu li ha fet és la maternitat, el dret a parir i criar fills amb l'interès, l'afecte i l'amor apropiats. És un do únic i exclusiu de la dona. Fer néixer les persones més grandioses de la terra, les encarnacions divines, els només elles tenen la capacitat d'expressar qualitats com l'amor, la grans líders, filòsofs i científics, portar al món les grans ànimes i tota la humanitat, aquesta és una de les benediccions més grans.

Per què Déu ha ofert aquest meravellós present a les dones? Perquè compassió, la consideració, la paciència, en tota la seva plenitud i bellesa. Cada dona hauria de saber-ho i fer l'intent de copsar la grandesa d'aquesta benedicció. Però sembla que de mica en mica les dones s'estan oblidant d'aquesta veritat, i si ignoren aquesta qualitat del seu interior fonamental i indispensable, la nostra societat quedarà capgirada. Per tant, és de vital importància que les dones reconeguin aquestes qualitats dins seu.

A la societat occidental és on més s'obliden aquestes qualitats femenines. En nom de la igualtat, moltes dones esdevenen indiferents a aquestes precioses benediccions. A occident, a diferència de la societat índia, les dones són més agressives i menys adaptables. En voler esdevenir igual que els homes en totes les àrees de la vida, les dones d'occident no s'adonen que estan sacrificant una part essencial de llur natura. El resultat és una confusió total, tant en la vida interior com en l'externa.

Amma no diu pas que una dona no hagi de fer les mateixes coses que fan els homes —les dones poden fer-ho, a més, tenen un gran poder interior per fer-ho— però mai pagant el preu de sacrificar el seu Ésser interior. Anar contra natura és destructiu, tant per a la persona com per a tota la societat.

A occident hi ha una tendència a l'agressivitat. L'agressió és energia negativa. A voltes pot ser necessària però mai en les relacions, ni en la vida de matrimoni. Quan hi ha dos pols negatius, només es produeix energia negativa, i en resulta manca d'harmonia i trencament.

A la societat occidental, el marit i la muller intenten controlar-se l'un a l'altre, fins i tot creuen que hi tenen dret. Els xocs i les baralles constants que es produeixen van destruint l'amor i la bellesa de la relació.

Ni l'amor ni la vida són agressius, ni poden ser forçats. La vida és amor. Sense el sentiment de l'amor mitjançant el qual tenim l'experiència de la vida veritable, les nostres existències es tornen buides i àrides com la d'un robot. La vida i l'amor són interdependents – si no hi ha amor ignorem la vida mateixa."

Vida conjugal

Pregunta: "Amma, per què no hi ha amor real a la vida de parella? Quina és la causa del conflicte i la fricció?"

La Mare : "Hi ha una seriosa manca de comprensió entre marit i muller. En la majoria de casos ni tan sols intenten d'entendre's mútuament. Per tal que es manifesti una veritable relació, és essencial que existeixi un comprensió bàsica de la naturalesa humana, de la veritable natura dels homes i les dones. Un home hauria de saber com és realment una dona i viceversa. Però de fet, home i dona viuen en dos móns aïllats i sense cap connexió. Són com dues illes separades sense comunicació; ni tan sols hi ha una barca per anar d'un costat a l'altre.

Els homes estan més centrats en l'intel·lecte, mentre que les dones s'inclinen més per la part emocional. Viuen en diferents llocs, en dues línies paral·leles. No es troben. Aleshores, com pot haver-hi amor entre ells? Si un diu sí, l'altre diu no. Mai no se sent l'harmoniosa combinació de sí i sí o no i no, i encara menys a l'uníson. Ambdós haurien de comprendre i acceptar les naturaleses diferents i cadascú hauria de fer l'esforç conscient per tal d'arribar al sentiment de l'altre, al cor; i aleshores intentar solucionar els problemes, amb aquesta comprensió com a punt de partida. No han de voler controlar-se l'un a l'altre. No han de dir: "Jo dic que sí i per tant tu també has de dir que sí." Cal abandonar qualsevol actitud d'aquest tipus perquè només ens portarà ira i odi. L'amor seria molt superficial en una relació d'aquesta mena. Si la distància entre aquests dos centres, l'intel·lectual i l'emocional, s'aconsegueix salvar amb un pont, sorgirà la dolça melodia de l'amor del més profund de cadascú. Aquest punt d'unió és l'espiritualitat.

Si observem els nostres avantpassats, veurem que en els seus matrimonis generalment hi havia més amor que en els dels nostres dies. Hi havia molt més amor i harmonia en les seves vides perquè entenien més els principis espirituals i el que implicaven en la vida quotidiana.

Amma coneix una història: Una dona casada va decidir que volia una mascota, però el seu marit s'hi oposava. Un dia, aprofitant l'absència del marit, la dona va anar a una botiga i va comprar una mona. No cal dir que el marit es va enfadar quan va veure la mona en tornar a casa.

- Què menjarà?-va preguntar a la seva esposa.

- El mateix que mengem nosaltres – va contestar ella.

- I on dormirà?

- A mateix llit on dormim nosaltres— va contestar la dona.

- Però, no t'amoïna la pudor?

- No et preocupis, si jo t'he aguantat aquests vint anys, ben segur que aquest pobre animal també podrà fer-ho!"

Tothom va riure quan la Mare va acabar d'explicar el conte. Amma continuà parlant: "És molt estrany trobar una relació veritablement amorosa. L'amor entre una parella de casats normalment és superficial. Si un diu que sí, l'altre s'encarrega de dir que no. Fills meus, apreneu a respectar-vos mútuament els sentiments. Apreneu a escoltar els problemes amb amor i interès. Quan escolteu la vostra parella, ell o ella hauria de poder sentir que l'altre hi està genuïnament interessat i amb ganes sinceres d'ajudar. La vostra parella hauria de sentir que l'estimeu, que us interessa, que la respecteu i l'admireu. Cal una total acceptació de l'altre sense reserves. Amb tot, és inevitable que es presentin alguns conflictes; també poden sorgir males interpretacions i desacords, però després hauríem de ser capaços de dir: "Em sap greu. Si us plau, perdona'm. No ho he fet expressament." O també podem dir: "T'estimo i m'interesso molt per tu. No pensis mai el contrari, em sap greu, no hauria d'haver dit el que vaig dir-te. Amb l'enuig vaig perdre la calma i el meu poder de discerniment."

Aquesta mena de paraules ajuden a guarir els sentiments ferits i també contribuiran a aprofundir el sentiment d'amor entre vosaltres, fins i tot després d'una forta discussió.

La Mare va aturar-se i demanà: Balumon (Balu, fill meu; Swami Amritaswarupananda), canta una cançó. Algú va demanar a Br. Srikumar (Swami Purnamritananda) que portés l'harmònium. Començaren a cantar *Mauna ghanamrita*. Amma va recolzar el cap damunt l'espatlla de Gayatri i va escoltar el *bhajan* amb els ulls aclucats. El somriure radiant de beatitud del rostre de la Mare mostrava clarament que es trobava en èxtasi.

Mauna ghanamrita

L'espai de l'impenetrable Silenci
d'eterna pau i bellesa
on la ment del Gautama Buda
es va dissoldre,
la resplendor que destrueix tots els llaços,
la costa de la benaurança
que es troba més enllà de tot pensament.

El coneixement que concedeix eterna
harmonia,
el sojorn sense principi ni fi,
la benaurança que només es concedeix
quan s'apaivaguen els moviments de la ment,
allà on resideix el poder,
la regió de coneixement perfecte.

La meta que s'atorga al dolç estat
d'eterna no- dualitat,
el "Tu ets això",
aquest és el lloc dels meus anhels;
però només ho puc fer
mitjançant la teva Gràcia.

En acabar la cançó Amma continuava amb el cap repenjat a l'espatlla de Gayatri. Quan es va moure per alçar-se, un devot Li va dir: "Amma, oi que ens parlaves de relacions humanes?" Aleshores la Mare va continuar parlant.

Reconeixeu i admireu les bones qualitats dels altres

"Fills meus, els éssers humans ordinaris tenen qualitats i defectes. Esforceu-vos sempre per veure les bones qualitats dels altres. Quan parleu amb els altres de la vostra parella intenteu ressaltar-ne les bones qualitats i mai no feu esment de les seves debilitats. Siguin quines siguin, les vostres febleses han de ser un secret entre vosaltres. Heu de cercar plegats la solució als vostres problemes amb una actitud positiva, sense agullonar-vos ni ferir-vos mútuament. En primer lloc, preneu consciència dels propis defectes, perquè és la millor manera d'eliminar-los. Mai no utilitzeu les faltes de la vostra parella com una arma. Quan assenyaleu una feblesa, feu-ho amorosament, d'una manera positiva, amb la intenció de treure-la de la vostra vida. Són febleses que bloquegen l'expressió completa de la vostra vida. Considereu-les com obstacles que cal vèncer.

No fa gaire,un devot que dirigia un hospital a Bombai va estar parlant a Amma d'un problema que tenien a l'hospital relacionat amb la neteja. La majoria de la gent del nord tenen el costum de mastegar *pan*, una barreja de fulles de betel i d'altres ingredients. La pràctica consisteix a mastegar aquesta substància de color vermell brillant i escopir-la després de forma indiscriminada, es trobin on es trobin. Els ascensors de l'hospital eren plens d'escopinades vermelles dels visitants. L'administració de l'hospital es va reunir per tal de buscar una solució al problema. Van acordar de posar miralls a les parets dels ascensors. D'ençà que es va prendre aquesta mesura, la gent va deixar d'escopir als ascensors. Per què? Els miralls reflectien la pròpia imatge escopint. En adonar-se de com n'era de desagradable veure's escopir, van deixar de fer-ho.

Intenteu també veure els propis defectes i els eliminareu automàticament. Examinant les vostres febleses, els vostres hàbits negatius, preneu consciència de la seva lletjor. Les vostres debilitats s'amaguen en la foscor, però quan les mireu surten a la llum.

Els nobles avantpassats ens han donat meravellosos exemples de com reconèixer i respectar els altres per les seves bones qualitats.

Un dels *Ramaianes* descriu un episodi memorable en el qual Sri Rama dóna un exemple inoblidable d'humilitat en reconèixer el gran sacrifici d'Ormila, l'esposa casta de Lakshmana. Quan Lakshmana, el germà de Rama, el va seguir al bosc durant l'exili de Rama, Ormila es va veure obligada a passar catorze anys a Ayodhya, on dugué una vida de sacrifici pensant nit i dia en el seu espòs. Quan finalment Rama va tornar a Ayodhya, es dirigí a la cambra privada d'Ormila. Per curiositat, Lakshmana el va seguir i l'observà secretament. Així fou com Lakshmana va ser testimoni d'un fet que el va fer esclafir a plorar.

Ormila dormia profundament al seu llit. Sri Rama va ajuntar els palmells de les mans, va fer tres voltes al voltant del llit i s'agenollà a terra davant dels peus d'Ormila, tal com fan els devots als temples.

En demanar-li Lakshmana a Rama el significat d'aquest fet, Rama li contestà: "Ormila s'ha fet digna del respecte i l'estima més profunds. El seu gran sacrifici mereix tota la nostra admiració. Jo he volgut, senzillament, reconèixer el seu valor sense que ho veiés, perquè si hagués estat desperta, no m'ho hauria pas deixat fer. Per això vaig anar-hi quan dormia."

Hauríem de recordar i imitar aquests exemples donats pels Mahatmes. Això aportarà harmonia, amor i pau a les nostres vides internes i externes. Les notes discordants que hi pot haver en una relació i en la vida matrimonial desapareixerien. Els homes no haurien de ser mai arrogants o vacil·lar a reconèixer les bones qualitats d'una dona. La seva actitud és equivocada si pensen: "Al cap i la fi, només és una dona".

Mireu si en són d'absurdes les relacions d'avui dia. El veritable amor poques vegades existeix a la parella. Hi ha massa por, sospita i judici perquè pugui sorgir una relació amorosa. Les relacions es tornen superficials per la manca d'amor i d'una correcta comprensió.

No fa gaire, Amma va sentir una història divertida que ara li ve a la memòria:

Dos joves es troben pel carrer

- Quina sort! Tens una amiga preciosa!- li diu l'un a l'altre.

- Em pots dir què pensa de tu?

- Pensa que tinc una gran personalitat, que sóc un gran cantant i un pintor boníssim - contestà el jove.

- I a tu, què t'agrada, d'ella? - tornà a demanar el primer.

- Doncs que pensi que jo tinc una gran personalitat, que sóc un gran cantant i un pintor boníssim."

Quan les rialles es van anar acabant, la Mare va demanar una cançó. Un dels devots de la casa va cantar la cançó *Amritamayi Anandamayi*...

Amritamayi anandamayi

Amritamayi anandamayi
Oh! Deessa de Nèctar,
deessa de la immortal benaurança.
Oh! Mare Amritanandamayi
Oh! Deessa de Nèctar,
deessa de la immortal benaurança.

Oh Mare.
En veure plorar els teus fills,
el teu cor es fon sol·lícit.

Oh Mare compassiva,
acaricia els teus fills amb amor,
tot donant-los la llet de la tendresa.

Oh Mare, ets com una maragda.
Vine i resta al meu cor!
Els Teus peus de lotus són el refugi
d'aquest pobre devot.

Tu brilles des del fons,
Tu ets l'ull intern de la visió externa;
Tu ets la mare de Kanna,
Tu ets la mare del món
i la Deessa de l'Univers.

Els signes d'una veritable relació

Després de la cançó, la Mare va continuar il·luminant els seus fills sobre el mateix tema.

Pregunta: "Quins són els signes d'una relació vertadera?"

Amma: "Que dues persones s'identifiquin l'una amb l'altra; aquest és el senyal d'una relació veritable. La intensitat de l'amor és la mesura d'identificació que existeix entre la gent. Imagineu-vos que algú us demana quin dels vostres amics estimeu més, A, B, o C? Potser haureu de reflexionar uns moments o bé respondreu espontàniament: "Prefereixo l'A, és el meu millor amic!". Què significa quan dius que l'A és el que més vols? Significa que estàs més identificat amb l'A que amb el B o el C, oi? Una relació o un autèntic amor es basa en el grau d'identificació que tens amb algú. Amb tot, no es pot mesurar, perquè és un sentiment profund que es desenvolupa a l'interior. A mesura que aquesta identificació guanya intensitat, també es va manifestant exteriorment. El nostre cor vessa d'amor i això es reflecteix en les nostres paraules i els nostres actes. Aquesta identificació pot arribar fins al punt d'assemblar-se físicament. Això no acostuma a passar en relacions ordinàries. Ara bé, en una relació espiritual això es produeix d'una manera visible i profunda. És el cas d'un deixeble que s'abandona completament al seu mestre espiritual i el seu cor només és ple d'amor i devoció per ell. És exactament el que els passava a les Gopis de Vrindavan. En pensar constantment en Krishna, esdevenien com ell. Fins i tot van agafar el costum de dir: "Mira'm, amiga. Jo sóc Krishna. Jo camino com ell, oi? No veus la flauta divina a les meves mans i la ploma de paó a la corona?"

Amma coneix un matrimoni que ha desenvolupat aquesta mútua identificació. Semblen bessons, fins i tot les seves veus i els seus moviments són semblants. Amma fa molts anys que els coneix. Són una parella ideal; l'amor, el respecte, la comprensió, la paciència i la capacitat de perdó que tenen un vers l'altre són extraordinàries. Això pot passar en una relació ordinària en la vida de parella sempre que es tingui una actitud correcta.

Una parella que viu un amor de tanta intensitat fins i tot arriba a tenir esquemes de pensament idèntics: per exemple, el marit pensa una cosa però no en diu ni un mot. Malgrat el silenci, la seva dona ho sap. El marit té una idea al cap i la seva esposa l'expressa en veu alta o bé té un desig i de sobte la dona expressa el mateix desig. És diumenge. Ell està assegut al seu despatx intentant acabar una tasca urgent. Està cansat però no pot fer una migdiada perquè ha d'acabar la feina i deixar-la a l'escriptori del seu cap l'endemà. Mentre s'esforça per no aclucar els ulls pensa: "Necessito una tassa de cafè ben carregat", però no vol demanar-la perquè la seva dona està enfeinada preparant el dinar del diumenge. No és pas costum fer un cafè en aquesta hora del dia i per tant resulta una sorpresa que la seva dona entri a l'habitació amb una tassa de cafè. El marit li diu: "Com has endevinat que volia un cafè?" Ella somriu i respon: "Simplement, he sentit que t'agradaria". Situacions com aquesta passen a voltes en una relació i poden desenvolupar-se si la parella està unida per un sentiment i una comprensió justos. Aleshores la identificació creix i es pot manifestar mitjançant els pensaments i les accions d'ambdós.

I si això pot passar en una relació ordinària, en una relació *guru-sishya* la identificació i el sentiment d'unitat són infinitament més grans.

Gayatri va tenir una experiència que val la pena explicar. Un dia, Amma estava treballant a fora amb els residents de l'Ashram i, quan va tornar a la seva cambra, tenia les mans brutes. Amma volia rentar-se les mans i va demanar a Gayatri si podia portar-li aigua i sabó. Però en lloc de portar l'aigua i el sabó, Gayatri va començar a rentar-se les seves mans a l'aixeta del bany. Lakshmi es va adonar que es rentava les mans mentre Amma s'esperava que li portés l'aigua i el sabó i li va recordar que la Mare l'esperava. Així que Gayatri va sentir les paraules de Lakshmi va reaccionar de seguida i es va adonar que s'estava rentant les seves mans i no les de la Mare, i exclamà: "Oh Déu meu, si jo em pensava que estava rentant-li les mans a Amma!" Mirà perplexa Amma amb un posat de culpa. Però la Mare va comprendre de seguida el que havia passat. Això es va produir en un moment concret, en què Gayatri es va poder oblidar completament d'ella mateixa, però aquesta capacitat d'experimentar la unitat, de ser aquesta identificació total, és sempre a dins nostre.

Una veritable relació només és possible quan podem desfer-nos de totes les idees preconcebudes i de tots els prejudicis i som lliures del passat. La vostra ment és passat. No us aferreu més al passat i esdevindreu lliures i estareu en pau. Agafar-se al passat és com viure en la foscor. Tothom vol ser a la llum. Aleshores podreu veure clarament tot el que està passant a dins vostre. Amb una visió així de neta, es fa possible establir una veritable relació."

Mentre Amma parlava, el sol declinava suaument a l'horitzó per anar-se a pondre com cada vespre a l'oceà d'un blau intens. De la mateixa manera que el sol treballa sense parar i desinteressadament per tal de mantenir la vida a la terra, Amma - sol espiritual- està constantment present per inspirar els seus fills mitjançant les seves paraules profundes, la seva divina presència, la seva amorosa abraçada i els seus *bhajans* elevats. La Mare toca el cor de tots expressant amor i compassió amb tot el seu ésser i ajuda a tothom a obrir-se plenament, i a exhalar també un perfum i una bellesa dolços i divins.

Quan va acabar de parlar, Amma s'aixecà i, dreta amb els braços oberts cap al cel, va cridar: "Shivane!". Va restar dempeus uns moments, amb els ulls clucs, i després va anar cap al temple. Era l'hora dels *bhajans*. La Mare es disposava a portar els seus fills damunt les ales de la seva cançó extàtica i melodiosa. Plena de joia, va començar a cantar *Anjara Sridhara*.

Anjara Sridhara

Oh Sridhara,
formós infant de color,
jo et saludo ajuntant les mans.
Victòria a Krishna.

Salutacions per a tu,
oh Krishna,
que has nascut a la terra
com un nen diví, protegeix-me.

Oh estimat Krishna,
vine, t'ho demano.
Destrueix la pena del meu cor,
oh pastoret.
Krishna dels ulls de lotus,
vine i brilla en el meu cor!

Oh Krishna.
Em consumeix el desig
de veure la bondat de la Teva forma,
estimada i benefactora.
Oh pastoret,
vine, vine corrents
i toca la teva flauta.

Capítol 3

El secret de la bellesa dels infants

L a construcció d'un nou temple ocasionava un cert desordre en els terrenys de l'Ashram. La Mare insistia que tots els maons, la sorra i la resta de materials de construcció estiguessin ordenats. Cada cop que baixava de la seva cambra començava a ordenar i netejar el terreny. Cap tasca era indigna per a Ella. Tant se la podia veure amb una pila de totxos sobre el cap, com agafant la pala per omplir els cabassos amb sorra. Aquell matí, quan la Mare va baixar, va demanar als residents que portessin eines i cabassos mentre Ella netejava el terra. En pocs minuts tots els habitants de l'Ashram estaven a punt per treballar. Mentre tots plegats treballaven, la Mare va començar a cantar una cançó:

Entu chevo yedu chevo

Ai, ai ai! Què faré?
No trobo el fill de Nanda
enlloc.

S'ha llevat d'hora aquest matí
i se n'ha anat al bosc a pasturar les vaques?
O potser - Déu meu- s'ha malmès
les cames tot treballant amb altres nens?

O potser ha estat corrent
d'una banda a l'altra
i ha caigut en un barranc.

Tothom va cantar a cor la cançó. La Mare donava un exemple

perfecte de fer la feina com una forma d'adoració. La tasca va durar més d'una hora. Com que la presència de la Mare afegeix bellesa i encant a qualsevol situació, una gran joia impregnava ara a tothom. A mesura que es va anar acabant, Amma es va asseure envoltada de residents i devots caps de família. Tothom s'anava relaxant i un resident va preguntar: "Els mestres espirituals de tot el món posen el nen com a exemple de l'estat final de perfecció. Quina connexió té, un infant, amb l'espiritualitat?"

La Mare respongué: "Mira un infant. Ell no està interessat ni en el passat ni en el futur. Qualsevol cosa que fa la fa amb una implicació total. Està plenament present en tot el que fa, no ho pot fer d'una manera parcial. Els nens viuen en el present i aquesta és la raó que fa que la gent se senti tan atreta per ells. Ningú no pot disgustar-se realment amb un infant perquè la foscor de l'ego no hi és.

Un nen pot atreure l'atenció de qualsevol ; fins i tot la persona més freda experimentarà algun sentiment davant d'un nen, si no és un monstre demoníac. Aquesta atracció s'esdevé per la innocència del nen. Quan siguis lliure del domini de l'ego, tu mateix et tornaràs tan innocent i entremaliat com un nen.

La majoria dels éssers humans viuen amb un peu al passat mort i amb l'altre en el futur irreal. El futur no és sinó un somni que encara ha de venir. Mai no podem estar segurs que esdevindrà. El futur és incert. Pot passar o pot no passar, i amb tot, els éssers humans més intel·ligents constantment somien i es preocupen pel futur, o ve donen més i més voltes plorant i recordant els fòssils morts del passat. Tant el futur com el passat han de desaparèixer. Només aleshores podrem viure en el moment present. I és en aquest present que podrem experimentar la realitat. Només aquest moment és real; el passat i el futur no en són pas, de reals.

Així com un infant viu plenament en el present, quan estimeu, esdevingueu vosaltres també totalment presents en aquest amor sense restriccions ni divisions. No feu res d'una manera parcial, sinó que, en romandre en el moment present, feu-ho tot amb la plenitud del moment present. No us deixeu seduir pel passat i no us aferrarà. Oblideu-lo i no somieu més en el futur. Expresseu-vos estant plenament presents en l'instant. Res, ni els penediments pel passat ni les inquietuds pel futur, no han d'interferir en el flux dels vostres sentiments interiors. Abandoneu-ho tot i deixeu que tot el vostre ésser s'expressi en aquesta actitud. És exactament el que fa un xiquet.

Els nens no tenen cap lligam amb el passat, ni es preocupen pel futur. Quan un infant diu "mare, t'estimo tant..." és realment el que sent. La criatura s'expressa amb tot el seu ésser amb els petons, les abraçades i les expressions amoroses. El nen no es recorda de la pallissa o el càstig d'ahir ni tampoc està molest perquè no té aquella joguina que tant volia, a la vegada que no té cap preocupació pel que s'esdevindrà demà. No s'aferra a res. El nen simplement estima i oblida. Un nen mai no pot fer res parcialment. Sempre que fa quelcom està totalment present. Fer coses de manera parcial només és possible en el nivell de l'ego.

Les accions d'un infant no van lligades a cap record. Viu en el moment present tant si expressa amor com còlera. Tot seguit ho oblida per passar al moment següent. El que expressa, sigui amor o còlera, no surt mai d'un aferrament. És per això que la còlera d'un nen té una certa bellesa, és natural i espontània, i el que s'expressa espontàniament, sense interferències de l'ego, posseeix una bellesa pròpia, un encant particular. Però per ser així d'espontani cal ser innocent. Les expressions de l'infant són directes i completament naturals. L'infant no reacciona per causa del passat. Simplement és, ara i aquí, en el moment present.

La còlera d'un adult és lletja. A ningú li agrada una persona enfadada. Però l'enuig d'un infant és una altra cosa. Si un nen s'enfada, el pare, la mare o algú altre l'agafarà a coll i l'abraçarà, li farà petons i farà tot el possible per calmar-lo. Mentre que la còlera d'un adult crea rebuig i fa enfadar els altres, l'enuig d'un nen invoca la nostra compassió i el nostre amor. És la presència d'ego en l'adult i l'absència d' ego en el nen el que marca la diferència. Només podem estar aferrats si tenim ego. És l'ego que s'aferra al passat, i mentre hi hagi aferrament al passat mai no podreu expressar res amb plenitud. Cadascuna de les vostres paraules i accions seran tocades per l'ego. El passat s'interposa i fa de barrera entre vosaltres i qualsevol cosa que feu o dieu.

Qualsevol cosa que expresseu passa primer pel filtre de la barrera del passat, de tal manera que el nen interior, és a dir, la innocència interior, queda completament bloquejada.

Un infant no en té, d'ego, ni té passat ni futur. L'infant, lliure d'aferraments, pot expressar-se plenament sense cap prejudici ni idea preconcebuda.

El creixement i la maduresa veritables

Els adults pensen que ja són grans i que no s'han de comportar com infants, els fa vergonya tenir la innocència i la ingenuïtat de la infància. Però el que ha crescut en els adults és l'ego. El cos, l'intellecte i l'ego han crescut, però el cor és mort, i amb ell l'amor i la compassió. Les persones s'imaginen que tenen la maduresa d'un adult. Però, són realment madures? El cos del nen ha esdevingut adult però la personalitat interior no s'ha desenvolupat.

Si continueu enganxats al passat, no podreu dir que sou madurs. Podreu trobar persones amb un ego suposadament madur, però no hi trobareu un veritable ésser humà madur.

Una persona amb un ego madur potser es comporta d'una manera refinada i decent però encara parla influïda pel seu passat. Les seves paraules i les seves accions en el present són arrelades en les experiències passades. N'ha après molt, de totes aquestes experiències, i ara sempre que fa o diu alguna cosa, té molta cura de no cometre els mateixos errors i de no dir cap bestiesa perquè sap per experiència que això li pot portar problemes. Així que tria les seves paraules amb cura i només actua després d'haver pensat molt bé què ha de fer. Aquesta és la prova que el passat encara actua dins seu d'una manera poderosa, refinada i subtil. Tot això ho podem anomenar maduresa, maduresa intel·lectual o maduresa de l'ego, però no pas veritable maduresa. La maduresa genuïna i real es desenvolupa quan s'abandona l'ego i es deixa de viure en el passat. Quan es permet que s'expressi l'Ésser superior intern. Sense intervenció de l'ego es desenvolupa una maduresa espontània i genuïna.

Pregunta: "Amma, estàs dient que el creixement i la maduresa de la gent, un fet que es considera tan real, no és real en absolut?"

Amma: "Fills meus, aquesta creença té la seva pròpia realitat però és relativa. Amma té la sensació que les coses es poden avaluar a dos nivells: un nivell de manifestació mundana i un nivell espiritual, des del punt de vista de l'individu i des d'una perspectiva universal més elevada. El que pot semblar veritable des de l'òptica del món pot no ser-ho des del nivell espiritual. El creixement i la maduresa que la gent en general considera real no és necessàriament real des d'un nivell de consciència més elevat. Això no vol dir que el creixement material sigui inútil i sense importància. El que passa és que els éssers humans consideren que només els fets comprovats són reals i tenen valor. Però la veritat última, la realitat és l'inconegut, i únicament la descobrireu gràcies a la fe, a una forta determinació i a les pràctiques espirituals repetides constantment. Des d'aquest punt de vista últim, el món i el que passa al món és relatiu. Prenguem com a exemple una mort. Per a la família es tracta, sens dubte, d'una pèrdua important, que els omple de dolor. Ara bé, si ho mirem des d'una altra perspectiva, hi ha centenars de milers de persones que moren cada dia. Hi ha centenars de milers de dones que perden els seus marits, mares que perden els seus fills i infants que perden llurs pares. Morir és el destí de tot el que neix. És inevitable. Des del punt de vista universal, el desenllaç d'una persona és una realitat relativa. És un esdeveniment important i trist per a la família del difunt, però no és així si ho mirem des d'un punt de vista universal més elevat.

És similar en el cas del creixement i la maduresa. Ha de ser considerat des d'aquestes dues perspectives. En l'àmbit individual el creixement corporal i intel·lectual és necessari i real per a l'existència al món. Ara bé, des d'un punt de vista universal, el veritable creixement solament s'esdevé quan comproveu que sou Purnam (el Tot) i no una entitat particular i aïllada. El creixement exterior, és a dir, el del cos i l'intel·lecte, tenen importància; amb tot, quan creixem externament no creixem plenament. Des del punt de vista de la realitat, només es pot parlar de veritable maduresa quan es manifesta l'Ésser superior intern.

La maduresa de l'ego és necessària per al creixement de l'individu i beneficia en certa manera la societat. Però el creixement, la maduresa real, no s'esdevé fins que transcendim l'ego i la personalitat creix de forma integral. La condició necessària per a aquest creixement és que l'Ésser superior intern es manifesti. Aleshores la vostra visió de la vida es transformarà.

La humilitat és el terreny més fèrtil per a la manifestació de l'Ésser. Desenvolupeu el vostre intel·lecte, però a l'ensems sigueu humils; aleshores tant l'intel·lecte com la maduresa es perfeccionaran.

La vera humilitat és inclinar-se, i no únicament amb el cos sinó amb tot el vostre ésser. Heu de percebre que no sou res, i no solament davant del Mestre o les grans ànimes, sinó davant tota la creació.

Reconeixeu la consciència suprema del Mestre brillant en tot i a través de tot.

Creixeu sense deixar la innocència i sigueu humils en qualsevol circumstància. El creixement físic no hauria d'afectar l'infant interior. Que el vostre intel·lecte s'esmoli, que la vostra ment guanyi claredat i vigor, però, alhora, permeteu el creixement dels sentiments al cor. Aquesta mena de creixement és perfecte i proporcionat. Us ajudarà a mantenir una actitud saludable i intel·ligent a la vida en qualsevol situació que us toqui viure. Aquest és el veritable creixement fonamental de la vida, que us permetrà experimentar una relació intel·ligent i amorosa amb tots els éssers i totes les coses".

Quan la Mare va acabar de parlar, un devot va començar a cantar una cançó de lloança a la deessa Kali amb música que ell havia compost.

Maha Kali jagado dharini

Oh Gran Kali,
Tu aguantes tot l'univers
i Tu el destrueixes.
Oh Tu que consoles,
Tu captives el meu esperit.
Et prego que et despertis
i esguardis aquesta ànima.

Oh Tu que portes la salvació
amb collaret de cranis,
portadora de benediccions,
Tu, protectora dels tres móns
i destructora del mal,
Oh Kali!
Tu captives el meu esperit.
Desperta't, T'ho prego
i esguarda aquesta ànima.

Brahma, Vishnu, i Narada
T'adoren eternament
Shankara resta per sempre als Teus peus
Tu ets victoriosa pels segles dels segles
i pura de tota vasana.
Tu captives el meu esperit.
Desperta't, t'ho prego
i esguarda aquesta ànima.

Al vespre, a quarts de sis, la Mare va cridar tots els residents perquè s'apleguessin a la platja. Quan arribaren, la Mare es trobava en profund *samadhi*. Gayatri seia prop d'Ella, a uns metres. Els residents s'instal·laren tranquil·lament al seu voltant per meditar, si bé molts tenien els ulls oberts i la miraven. L'oceà blau s'aixecava en onades gegants com volent abraçar-la i acollir-la. Semblava que les onades ballessin en èxtasi en veure Amma asseguda tan a prop, a la sorra. Una hora després, la Mare es va aixecar i va començar a caminar lentament per la riba.

S'anava fent fosc i una forta brisa venia de mar endins. El sari blanc de la Mare, la seva cabellera negra i rinxolada dansaven amb el vent. Semblava que les onades es barallessin per atrapar els seus peus sagrats i adorar-los. Mentre Amma caminava a poc a poquet per la riba, algunes onades tenien la gran sort d'abraçar i besar el seus peus. Després s'enretiraven pacíficament per fondre's altra vegada en el mar. La resta d'onades cantaven amb força l'*Om* sagrat tot precipitant-se cap a la costa, com si esperessin tenir la mateixa sort. Des d'un estat d'èxtasi, Amma cantava Omkara mengum mentre caminava vorejant la costa amb els seus fills darrere.

Omkara Mengum

Arreu ressona el so Om,
cada àtom se'n fa ressò.
Amb una ment en pau
repetim "Om Shakti".

La tristesa m'envolta i jo ploro,
Amma és ara el meu únic suport.
Que les Teves belles mans em beneeixin,
jo ja he abandonat els plaers d'aquest món,
dolorosos i inútils.

La por de la mort ha desaparegut,
el desig de bellesa física ja no existeix,
he de recordar constantment la Teva forma,
que brilla com la llum de Shiva.

Quan sigui ple d'una llum interior,
que vindrà a brillar desbordant, davant meu,
quan seré ple a vessar de devoció,
em fondré amb la bellesa de la Teva forma.

La visió de la Teva forma és el que espero,
tot l'encant del món ha cristal·litzat
per formar aquesta bellesa inigualable
i ara deixo anar les meves llàgrimes.

En acabar la cançó, Amma es va aturar i contemplà l'horitzó durant uns moments; tot seguit es va girar per tornar a l'Ashram seguida dels devots.

Capítol 4

Sí, jo sóc Kali

Només quedaven unes quantes persones per acabar de rebre el darshan. Al cap de poca estona de finalitzar el darshan, Amma ja era al menjador servint el menjar als devots com la mare més amorosa i afectuosa. Va esperar que tothom hagués rebut aliment abans de retirar-se. Al moment de sortir, es va girar sobtadament i s'apropà a un dels visitants, li va agafar la bola d'arròs que guardava en un costat del plat i se la va menjar. L'home restà immòbil com si l'hagués traspassat un llamp i contemplava el rostre de la Mare. Li vingueren llàgrimes als ulls i l regalimaven galtes avall fins que al final esclatà en un plor cridant "Kali, Kali" i es rendí als peus d'Amma.

Ella restà encara una estona al menjador acariciant-li el cap i l'esquena mentre mostrava un somriure radiant i compassiu. Després, se'n tornà a la seva cambra.

Una estona més tard, el devot, que havia vingut de Bengala, desvelà el misteri del comportament aparentment estrany d'Amma, i de l'emoció que li havia provocat.

El dia abans havia estat a Kochi, on un amic seu li havia parlar de la Mare. L'home, que era un devot fervent de Kali, s'havia sentit atret per Amma. El seu amic tenia compromisos importants, per la qual cosa ell havia vingut sol a l'Ashram per veure Amma per primera vegada. S'hi havia apropat fins a la cabana,on va rebre el seu darshan. Més tard, mentre seia davant del plat amb el menjar que la Mare acabava de servir, havia fet una boleta d'arròs, que deixà en un costat del plat mentre interiorment es deia : "Si és Kali, la meva estimada deïtat, a qui he venerat durant tant de temps, vindrà i menjarà aquest arròs".

Heus aquí el que havia passat.

Quan va veure que la Mare es retirava del menjador, sentí una tristesa molt gran, però al cap d'un segon La tenia davant seu, que li agafava la bola d'arròs i se la menjava.

L'home digué: "Quan Amma es menjava la bola d'arròs m'estava dient "Sí, jo sóc Kali".

Després d'aquest incident, el devot restà en un estat d'èxtasi fins l'endemà, que va marxar cap a Calcuta.

Sapigueu que l'ésser superior és desinteressat i sense ego

Aquell vespre, un grup de residents esperaven rebre el darshan d'Amma, que seia amb ells darrere el vell temple.

Sempre que es troba envoltada dels seus fills, la Mare està disposada a respondre amb goig els dubtes que puguin plantejar-li. Aleshores, la set insaciable de coneixement dels devots i dels *brahmacharis* s'expressa en forma de preguntes espontànies. Una professora d'institut, que feia temps que era devota de la Mare, va formular una pregunta.

Pregunta: "Amma, l'amor i les accions desinteressades es consideren una via per arribar a Déu, però ¿com podem estimar i actuar sense egoisme, si estem plens de judicis i d'idees preconcebudes?

La manca d'egoisme sembla més una fita a assolir que una pràctica possible. Amma, ens pots aclarir aquest punt?"

Amma: "Un acte desinteressat sorgeix de l'amor altruista. Quan el cor és ple d'amor, aquest amor s'expressa en un acte desinteressat. L'un és un sentiment profund i l'altre una manifestació externa. Sense un amor profund i incondicional no es poden fer accions desinteressades.

Al principi, les accions que anomenem altruistes no ho són pas, ja que l'amor que sentim per nosaltres mateixos és present en cadascun dels nostres actes, encara que els qualifiquem de desinteressats.

L'amor de l'ego, o l'amor per un mateix, és el sentiment que domina en tots els éssers humans. Per tal que neixi un altruisme veritable aquest sentiment ha de morir. Cal estar permanentment alerta per impedir que intervingui l'ego. És més fàcil enamorar-se de l'ego que deixar-se inspirar veritablement per un ideal d'abnegació. Allò que considerem altruista, moltes vegades és egoisme perquè la font de totes les nostres accions és l'ego. És l'ego, i no pas l'Ésser veritable, la font del nostre pretès amor i de les nostres accions. Res no pot ser realment desinteressat si no ve directament del cor, del nostre veritable Ésser.

És per això que els grans sants i els savis diuen que abans de poder estimar i servir els altres de manera altruista cal conèixer el nostre veritable Ésser.

Altrament, qui sap? Podria ser que simplement no estiguéssim fent altra cosa que estimar el nostre propi ego. Donar-se és l'última fita. Ningú no pot ser altruista al cent per cent si abans no s'ha desempallegat de les idees preconcebudes i de la tendència a jutjar. Per tant, podeu proposar-vos la total absència d'egoisme com una meta, com un ideal, i intentar d'assolir-lo amb l'ajut dels mètodes que recomanen els mestres.

Hi ha una història d'un ancià que plantava mangos. En veure'l treballar, el seu veí li digué: "Et penses que viuràs prou anys per poder tastar els fruits d'aquests arbres?" "No ho crec pas"- respongué l'ancià. "Aleshores, per què perds el temps?", interrogà el veí.

L'ancià somrigué i li va respondre: "Tota la vida he assaborit els mangos dels arbres que havien plantat altres persones. Plantant aquests mangos ara, els expresso el meu agraïment."

L'altruisme pot esdevenir el motor de totes les nostres accions. Apreneu a ser agraïts amb tothom, amb tota la creació, fins i tot amb els nostres enemics, fins amb els que us insulten i s'enfaden amb vosaltres, perquè tots us ajuden a créixer. Tots són miralls, imatges de la vostra pròpia ment. Si sabeu llegir i interpretar les imatges correctament, us podreu desprendre de la ment i de les seves febleses. Si trieu l'amor i l'absència total d'egoisme com a fita, cal que estigueu atents. Vigileu constantment la vostra ment perquè no us deixarà actuar de manera desinteressada. La ment no vol de cap manera que sigueu altruistes, el seu únic propòsit és portar-vos pel camí de l'egoisme, perquè la ment és egoista. En la mesura que us sentiu identificats amb la ment, no podreu deixar de ser egoistes. Per esdevenir totalment lliures de l'egoisme cal que us deslliureu de la ment.

Observeu la ment

Pregunta: "Com ho hem de fer, per sortir de la ment?"

Amma: "Estant constantment atents i desperts. Hi havia un home que solia venir a l'Ashram ; no parava de criticar-ho tot i tothom i es queixava contínuament. Mai no tenia una paraula amable per als altres. Amma finalment li digué: "Fill meu, no hauries de malparlar dels altres d'aquesta manera. Tothom té febleses, però també qualitats. Esforça't per veure el millor de cadascú. És la millor manera de ser bo de fet i de paraula." L'home restà tranquil i en silenci, però en una altra ocasió li digué a la Mare: "Amma, saps que el sr. D. diu que el sr. S. és una persona molt egoista i dolenta?"

D'una manera o altra, la ment acabarà per enganyar-nos. Quan Amma digué a aquell home que no havia de criticar ningú, ell no va poder dir que no a causa del respecte que sentia per la Mare. Acceptà el consell superficialment, però en el fons va rebutjar-lo. La tendència a parlar malament dels altres estava tan arrelada dins seu que la seva ment no podia acceptar la necessitat de canviar-la. Heus aquí com n'és de maligna i astuta, la ment. La seva ment refusà acceptar el consell de la Mare i volia imposar la seva falsedat als altres, i per tant va continuar fent les seves males passades, amb modificacions i variacions: "Aquest home deia que aquell altre no era prou bo!" Vegeu com funciona, la ment! Estigueu, doncs, molt atents. No us deixeu enganyar. Des de temps immemorials, una vida rere una altra, el mental s'ha rigut de vosaltres i us ha enganyat.

Comenceu per entendre que la ment és enganyosa, estafadora, una mentidera hàbil que us impedeix de percebre l'Ésser, que és la vostra veritable natura. Si esteu constantment atents, la ment no us podrà enganyar. Heu d'estar prou atents per percebre fins i tot els seus intents d'esmunyir-se per la porta del darrere. No hauria de passar res sense que en fóssiu conscients; ni un pensament, ni un xiuxiueig no us haurien de passar desapercebuts. Observeu la ment atentament tan desperts com pugueu. Aleshores la ment es farà fonedissa i amb ella els paranys del passat.

L'absència total d'egoisme és espontània

L'altruisme és un estat de total espontaneïtat al qual s'accedeix en la mesura que podem establir-nos en el veritable Ésser.

La gran epopeia de Srimad Bhagavatan conta la història d'un sant anomenat Samika. Aquesta història us il·lustrarà sobre el caràcter espontani de l'altruisme.

El rei Parikshit, l'avi d' Arjuna, va sortir de cacera. L'expedició es presentava llarga i feixuga i arribà un moment que el rei estava mort de set. Començà a cercar un lloc on pogués haver-hi aigua, fins que a la fi va anar a parar a l'ermita de Samika. El rei, assedegat i exhaust, va demanar aigua, però en aquell moment, el sant es trobava en un *samadhi* profund i havia perdut la consciència del que l'envoltava. El rei s'encolerí en veure que Samika no li oferia aigua i en percebre l'actitud del sant com un greuge imperdonable, es va ofuscar i agafà una serp morta que duia a la punta del seu arc i la col·locà al voltant del coll de Samika ; després se'n va anar d'aquell indret.

Uns amics del fill de Samika, Sringi, que aleshores tenia vuit anys, impressionats pel que havia fet el rei, li ho anaren a contar a Sringi, que jugava en un camp allà a prop. El noi es va enrabiar de tal manera que llançà una maledicció: "Sigui qui sigui qui ha gosat tractar d'aquesta manera el meu pare, que és tan sant i tan pur, d'aquí a set dies el mossegarà la serp Takshaka i morirà".

Per bé que aquest noiet només tenia vuit anys quan pronuncià aquesta maledicció, és una mostra de l'immens poder que tenia la voluntat dels infants criats en les antigues *gurukules*. Era el poder del *dharma*. Quan el savi va sortir del seu *samadhi* restà estupefacte en comprendre l'abast de la maledicció proferida pel seu fill contra el rei. S'agenollà immediatament i pregà d'aquesta manera: "Oh Senyor! El meu fillet, amb la seva ignorància, ha comès l'error imperdonable de maleir un monarca gran i just. Et prego que anul·lis l'efecte de la maledicció i salvis el rei de la mort."

Samika va cridar el seu fill i el va enviar al palau a informar el sobirà de la maledicció i a demanar-li que prengués totes les precaucions per impedir que es complís.

No hi havia manera de desfer la maledicció, però el rei Parikshit no en va treure sinó beneficis, perquè això li permeté de retrobar el gran savi Suka, que li va explicar les històries del Bhagavatam; Així aconseguí atèneyer *moksha,* l'alliberament.

Aquesta història mostra fins a quin punt Samika fou desinteressat i capaç de perdó. La manca de discerniment del rei no el va afectar. No es va sentir insultat ni maltractat. Així que es va assabentar de l'incident de la serp morta, digué al seu fill: "Has maleït el rei sense saber la veritat. El rei tenia set i estava exhaust. Estava tan desesperat que només pensava a beure i, com que no li donaven aigua, va perdre el seny i per això em va posar la serp al voltant del coll.

D'altra banda, ell és el rei. Encara que visquem en aquest bosc aïllat, també en som súbdits. El rei ens protegeix i és gràcies a ell que vivim segurs i sense que ningú ens molesti. Aquest monarca, a més, té una gran devoció pel Senyor. En maleir-lo, perds la gràcia de Déu."

Tan sols el cor d'una ànima desinteressada pot expressar el perdó d'una manera tan bella i espontània."

Amma va entrar en *bhava samadhi*. Un somriure radiant il·luminà el seu rostre. Amb la mà dreta formà un *mudra*: l'índex i el dit petit estirats, i els altres replegats. Inspirats pel seu diví èxtasi, els *brahmacharis* varen cantar *Kurirul pole*...

Kurirul pole

Qui és Ella,
aquesta forma terrible,
tan negra com la més fosca de les nits?

Qui executa
aquest dansa salvatge
damunt aquest cant de batalla sagnant,
com un pom de flors blaves
fent remolins sobre un llac carmesí?

Qui és Ella,
amb tres ulls que llancen esclats
com boles de foc?

Qui és Ella,
amb espessos tirabuixons negres
que cauen com núvols negres de pluja?
Per què tremolen els tres móns
quan els seus passos dansen ferms damunt la terra?

Oh, aquesta forma resplendent
és l'estimada forma de Shiva,
que porta el trident.

Després dels cants, Amma va sortir del seu èxtasi. La professora tenia curiositat per saber més coses sobre l'altruisme, i va formular algunes preguntes més.

Amma: "Abans d'arribar a la realització, facis el que facis sota el nom de servei desinteressat, les teves accions estaran contaminades d'egoisme, perquè tot passa per la ment. Tan sols els actes que sorgeixen directament de l'Ésser i del cor són realment desinteressats. Però no t'amoïnis, si tens prou determinació i cultives l'actitud justa, acabaràs esdevenint una persona desinteressada. Continua actuant en el món amb actitud altruista. Al principi et caldrà fer un esforç conscient per mantenir-te centrada en el teu propòsit. El teu esforç conscient de mica en mica anirà esdevenint natural i et conduirà a l'estat de generositat perfecta. En aquest punt esdevindrà espontània. Però ara per ara has d'estar atenta. Cal que t'adonis quan intervé la ment. La reconeixeràs pel que és: un obstacle, el teu principal enemic en la vida espiritual. Sàpigues que és una mentidera. Ignora la ment sorollosa i la seva xerrameca.

Un estudiant de medicina no és pas un metge. Li calen anys d'estudi intens i de preparació per esdevenir un bon metge. Però en la seva etapa d'intern segurament li atorgarem el títol de doctor, tot i que encara no hagi presentat la seva tesi doctoral. Per què? Perquè és la meta que assolirà en acabar els estudis. Cadascun dels seus actes l'hi prepara. La seva meta és esdevenir metge; no l'oblida en cap moment i hi esmerça tots els seus esforços. S'absté de tot el que pugui representar-li un obstacle.

De la mateixa manera, la nostra meta és actuar desinteressadament, però encara no hi estem avesats. Fem el que hem de fer i actuem tenint aquest estat com a objectiu. Encara que ara per ara les nostres accions no siguin altruistes, les qualifiquem com a tals, de la mateixa manera que anomenem "doctor" el metge intern. Ens trobem en període d'aprenentatge i ens resta encara un llarg camí a recórrer abans d'aconseguir el nostre objectiu. Ens hi hem de consagrar plenament, hem d'evitar tot pensament inútil i quan actuem no hem d'agafar-nos a l'acció ni als seus fruits. L'acció ja és acomplerta en aquest instant, ara mateix. És el present, i el fruit és el futur. Apreneu a fer les vostres accions sense aferrar-vos-hi i ignoreu el fruit del futur. Aquesta actitud purificarà la ment de tota negativitat i impuresa. Us elevarà de mica en mica cap a la devoció i l'amor pur, per menar-vos encara més enllà, a l'estat últim de la suprema coneixença.

Potser us pregunteu: "Nosaltres, els humans, tenim la capacitat d'assolir el nivell de l'amor pur i el desinterès?". Fills meus, la veritat és que només els humans tenen la capacitat d'accedir-hi. Però tot depèn dels nostres pensaments i els nostres actes. El món ens pertany. Som lliures de fer-ne un paradís o un infern. A la natura, res no es transforma. Només la humanitat té el poder de triar, i si tria el mal camí, tot anirà a l'inrevés.

L'ésser humà pot triar entre preparar-se un jaç d'espines verinoses o un llit de flors de perfum diví. Malauradament, en tot el món veiem com es prepara un llit de mort. Conscientment o inconscient, la gent s'allunya de la vida veritable i es va apropant a la mort. Té la immortalitat al davant però no se n'adona.

Certament, la mort no ens és natural. La mort és natural per al cos, però no per a l'Ésser profund, que és la nostra veritable identitat. El principi de vida, la vida és la nostra naturalesa. El malestar és una anomalia, també, ja que el nostre estat natural és la joia. Això no obstant, l'ésser humà sembla desitjar més la mort i el dolor. Ja no sap somriure. Existeix la joia de l'*Atman* que permet somriure de debò. Avui dia ens manca la joia perquè el nostre cor és ple de malestar, i això es reflecteix en cadascun dels nostres pensaments, en cadascuna de les nostres paraules i accions. Com és que hem perdut la gràcia de la immortalitat? Fills meus, la por i el dubte ens han apartat de la immortalitat i de la joia veritable. Podem retrobar la joia perduda i oblidada si ens esforcem a ser altruistes. Podem redescobrir la immortalitat, la nostra veritable naturalesa, cultivant l'amor i els actes desinteressats.

No ens cal un entrenament especial per comportar-nos de manera egoista perquè és la tendència predominant dels humans. Mentre els ocells, els animals, les muntanyes, els rius, els arbres, el sol, la lluna i les estrelles, la natura sencera dóna exemple del seu servei desinteressat, l'ésser humà és l'únic que es mou per l'egoisme i l'avidesa. Des de la seva posició d'identificació amb l'ego, la humanitat ha convertit l'existència en una empresa de poc valor comercial. Sota aquesta mirada, la vida ha perdut el seu caràcter sagrat per esdevenir un comerç egoista. La vida, tot l'univers, és un joc de la consciència divina, però l'ésser humà l'ha transformat en un joc de l'ego.

La ment negativa

L'ésser humà no necessita aprendre a ser egoista, perquè ja ho és, menys quan dorm profundament. Fins i tot els seus somnis són egoistes perquè són projeccions de la ment egoista. Essent com és la ment per natura negativa, la majoria dels seus somnis també ho són. El somni és una projecció del passat. El progrés espiritual implica la desaparició del passat.

El *Mahabharata* explica un bell incident en el transcurs del qual Karna descriu la natura negativa i inestable de la ment. Karna era admirat per tothom perquè era molt gentil i generós. Un dia, es preparava per banyar-se i s'estava posant oli als cabells; en aquell moment es presentà Sri Krishna i li va demanar com a present la copa guarnida de pedres precioses que contenia l'oli. Krishna posà a prova Karna, que tenia fama de ser tan generós i no deixava passar l'ocasió de donar. Quan Krishna expressà la seva demanda, Karna es va sorprendre una mica. Digué: "Senyor, que estrany és que tu desitgis una cosa tan insignificant. Però jo no sóc ningú per jutjar-te. Aquí tens la copa. Pren-la"

Com que tenia la mà dreta plena d'oli, allargà la copa a Krishna amb la mà esquerra, i Krishna el reprengué, car a l'Índia es considera de molt mala educació oferir alguna cosa amb la mà esquerra. "Perdoneu-me, Senyor, digué Karna. Tinc la mà dreta plena d'oli i temo que, si me la vaig a rentar, la meva ment ho aprofitarà per canviar l'ordre i no us voldrà donar la copa. La meva ment inestable, aquesta múrria, m'impedirà de tenir la providència d'oferir-vos alguna cosa. És per això que he actuat sense perdre un instant. Us prego que em perdoneu"

Heus aquí, fills meus, una excel·lent descripció de la ment.

Amma no us demana que si no heu arribat a l'estat de perfecció us abstingueu d'actuar o d'expressar amor. Cal que persevereu a esforçar-vos sincerament per estimar i actuar de forma desinteressada. Però Amma vol que sigueu conscients de la subtilesa de l'ego. Si no esteu atents i vigilants de manera impecable, la ment us enredarà i s'esmunyirà per la porta del darrera.

Fills meus, sempre que ajudeu algú en sortireu beneficiats; de la mateixa manera que si feriu algú en sortireu perjudicats sempre. Escolteu aquesta història que contaren recentment a Amma.

Un home va trobar pel carrer un amic seu que anava remugant. "Què et passa? Per què estàs tan alterat?", va preguntar-li. I l'amic li respongué: "És el brètol del taxista. Cada vegada que ens creuem em clava un cop a l'esquena. He decidit ensenyar-li com les gasto, jo!".

L'home l'advertí: "No és bo deixar-se portar per l'enuig". Però l'altre, tossut, va insistir: "Ja n'estic tip, l'he d'escarmentar".

"Molt bé, i com penses fer-ho?", digué l'altre.

"Doncs, mira, avui amagaré un cartutx de dinamita sota el meu abric i, si gosa tocar-me, ja no tindrà mai més braç per picar-me a l'esquena", va respondre el rondinaire.

Aquesta història provocà una rialla general.

Amma continuà: "Fills, una actitud desinteressada ens ajuda a evolucionar espiritualment. Ajudant els altres, en realitat ens ajudem a nosaltres mateixos. Si per contra actuem egoistament, ens fem mal. Apreneu a beneir a tothom. No maleïu mai cap persona, car un ésser humà no és una simple massa de carn i de sang. En cadascun de vosaltres hi ha una consciència que treballa. No es tracta d'una entitat aïllada, separada; forma part del Tot, és la unitat suprema. Cadascun dels nostres actes es reflecteix en la Totalitat, en la ment universal única, i retorna amb la mateixa intensitat. Tant si actueu bé com si actueu malament, els vostres actes es reflecteixen en la

Consciència universal. Apreneu, doncs, a ser desinteressats i a beneir tots els éssers. Pregueu per ells ja que necessitem pregàries i benediccions de tota la creació perquè ens ajudin a evolucionar. Quan preguem pels altres, l'univers sencer ens beneeix perquè l'ésser humà és un amb l'energia còsmica.

Per quina raó, si no, demanà Krishna al poble de Vraja que lloés el mont Govardhana? (*El mont Govardhana és una muntanya que es troba prop d'on va néixer Krishna. La Srimad Bhagavatam explica que Krishna prengué la muntanya i la guardà dins la seva mà durant una setmana per protegir els vilatans dels diluvis que envià Indra*).

Krishna transformà aquell dia de lloança en una gran festa. No li calia la benedicció de ningú i actuà d'aquesta manera per ensenyar a la humanitat a cercar i obtenir la benedicció de tota la creació".

La nostra estimada Mare dóna un exemple que va en aquesta línia. Quan es consagra un temple brahmasthanam, abans que s'hi instal·li la imatge, Amma apareix en cadascuna de les portes i aplegant les mans demana el permís de tothom dient:"El temple és a punt de ser consagrat. Fills meus, uniu les vostres benediccions."

Quan Amma, que és el poder infinit de Déu sota la forma humana i amb una mirada pot beneir tota la creació, demana el permís i la benedicció dels seus fills, ens dóna un exemple únic d'humilitat. És una gran lliçó per a nosaltres, una lliçó que ens ensenya a implorar la benedicció de tothom i de tot, fins de la més insignificant de les criatures.

Capítol 5

Després d'un programa a Kandungallar, Amma va agafar l'autobús de l'Ashram per tornar a Amritapuri. En arribar a Allepey, l'autobús es va espatllar de cop. El *brahmachari* Ramakrishna, que conduïa, va adreçar a Amma una mirada d'impotència. Va sortir del cotxe i va mirar el motor però no hi trobava cap avaria. Tornà a intentar d'engegar el motor, sense èxit, i va preguntar a la Mare si calia buscar un mecànic o bé llogar un altre autobús. Ella no va respondre. Va somriure, va baixar i es va posar a caminar. Ramakrishna no sabia què fer. Com tothom, la va seguir i va esperar que li digués alguna cosa. Però la Mare ignorava les seves preguntes. Al cap d'una estona van arribar a la casa de M. Sekhar, prop d'on havien tingut la pana. El senyor Sekhar i tota la seva família eren molt devots de la Mare i en veure-la es van mostrar exultants d'alegria. Ploraven i ensems reien i es van esforçar de tot cor per tal d'organitzar una recepció com calia. Amb els ulls plens de llàgrimes, van fer la *pada puja* tot cantant algunes estrofes del *Devi mahatmyam*.

Devi mahatmyam

Oh reina de l'univers,
Tu protegeixes els móns.
Ànima de l'univers, Tu n'ets el suport.
Tu ets la Deessa digna de ser lloada
pel Senyor de l'Univers.
Aquells que s'inclinen al Teu davant amb devoció
esdevenen refugi de l'Univers.

Oh Devi, sigue'ns favorable
i protegeix-nos sempre

de la por dels enemics,
com has fet amb la destrucció dels asures.

Destrueix ràpidament el pecat de tots els móns
i les grans calamitats engendrades
per les forces demoníaques.

Oh Devi, tu que destrueixes el sofriment de l'Univers,
nosaltres ens inclinem davant Teu.
Dóna'ns la Teva benedicció.
Tu que ets digna de se lloada
pels qui resideixen en els tres móns,
beneeix-nos amb la Teva gràcia.

Feia temps que aquella família esperava una visita de la Mare. Havien sentit dir que tornaria a l'Ashram via Allepey, i esperaven de tot cor que hi anés. Tot el matí que parlaven de la Mare i M. Sekhar i el seu pare pensaven que hi havia poques possibilitats que hi anés sense ser prèviament convidada. Al cap de poca estona, Amma era al llindar de casa seva. No podien creure's el que veien. Es pensaven que estaven somiant. Després de la *pada puja*, la Mare va entrar al temple familiar per tal de fer l'*Arati*. Quan es va acabar la cerimònia, va cridar un per un els membres de la família per mantenir-hi una entrevista individual. Escoltà les explicacions dels seus cors adolorits i afectuosament els consolà amb un toc de compassió i amb dolces paraules. Amma restà tres quarts d'hora amb els Sekhar.

Quan Amma va sortir de la casa, un Ramakrishna trist i confús l'esperava a fora. Sense dir un mot, la Mare es dirigí cap al vehicle de l'Ashram. En arribar, Ramakrishna va dir: "Amma, ningú no ha reparat l'autobús". Ella li respongué: "Prova d'engegar-lo". Ramakrishna obeí i va fer girar la clau de contacte. El cotxe arrencà sense cap problema. Ramakrishna es girà somrient i mirant Amma, li digué: "Això no ha estat altra cosa que un dels teus *lilas*!" L'expressió d'espinguet del rostre de la Mare semblava dir "Fill meu, tu no has vist ni una mínima part d'aquest *lila* infinit."

Viure amb la Mare és una mica com estar en un avió a punt d'en-
volar-se; l'avió comença a moure's lentament per anar a la pista,
després corre i corre més de pressa fins que finalment s'enlaira. Si
aprenem a viure en presència d'Amma amb una actitud d'amor i
d'abandonament de nosaltres mateixos, tindrem la força necessària
per envolar-nos. En la seva presència no som la mateixa persona,
perquè canvien interiorment sense parar. Els vells esquemes van
desapareixent a mesura que entrem més i més en les noves esferes
de la veritable existència.

Durant el camí de tornada, Amma es va aturar en dues cases
més d'altres devots a Harippod. Eren dos quarts de vuit del vespre
quan la Mare i el grup van arribar a l'Ashram. Un *brahmachari*,
anomenat Anish (Swami Amritagitananda), esperava l'arribada
d'Amma a l'Ashram. El *brahmachari* feia un curs de vedanta en
una organització espiritual de Bombai. Era la seva primera visita a
l'Ashram. Amma es va asseure prop del vell temple i li parlà. Era
l'hora dels *bhajans* i el grup que havia acompanyat la Mare es va
aplegar al seu voltant amb la resta de residents i varen començar a
cantar Akalatta kovili.

Akalatta kovili

En un temple llunyà
crema una llàntia inextingible
il·luminant els qui viuen en la fosca.
La Mare universal mostra així la Seva compassió.

Un dia que jo passava per aquest camí,
la Deessa radiant em va fer un regal;
va obrir la porta del santuari
i, agafant un polsim de cendra sagrada,
me la posà al front.

I tot cantant les lloances del Senyor,
em va preparar un jaç

a les Seves dolces mans.
Un nou somni em vingué
proclamant la veritat:
Per què plores?
No saps que has arribat
als peus sagrats del Senyor?

Em vaig despertar amb un sospir
i he vist amb una gran claredat
aquest rostre de lotus.

L'amor i la llibertat

Després dels *bhajans*, tothom restà tranquil·lament assegut contemplant la Mare que seia a la part sud del temple. Un *brahmachari* va fer una pregunta espontània:

"La llibertat eterna és la fita de tot veritable buscador. Però sembla que s'estableix una certa diferència entre l'objectiu de la llibertat eterna i la via de l'amor i la devoció. Amma, tindries la bondat d'aclarir-nos-ho?"

Amma: " L'amor i la llibertat són una sola i única cosa. No hi ha cap diferència. L'amor i la llibertat són interdependents. Sense amor no hi ha llibertat i sense llibertat no hi pot haver amor.

Per accedir a la llibertat eterna, cal que tota negativitat hagi estat eliminada. Quan penetrem en el domini de l'amor pur, la flor olorosa i magnífica de la llibertat i la beatitud suprema badarà els seus pètals i s'expandirà.

Hi ha una vella història que parla d'un grup de monjos que vivien en un monestir amb el seu mestre. Els monjos feien una vida de devoció i ascesi exemplars. D'arreu arribava gent al monestir per respirar la meravellosa atmosfera espiritual que hi regnava. Un dia, el mestre va deixar el seu cos. En principi tot continuà igual, però de mica en mica els monjos es van anar relaxant i aquella devoció i aquella disciplina van anar desapareixent. El monestir anava degradant-se. Ja no hi anaven visites i cap novici volia entrar-hi. Els monjos estaven cada vegada més desanimats. Discutien entre ells, els seus cors eren àrids i ja no hi havia ni amor ni devoció. Un dia, un monjo vell va decidir que calia fer-hi alguna cosa. Havien sentit parlar d'un mestre espiritual que vivia en un bosc no gaire lluny del monestir. El vell monjo un dia decidí d'anar a buscar-lo per demanar-li consell. Quan el va trobar, li explicà la situació en què es trobava el monestir. El mestre somrigué i li va dir: "Un de vosaltres és un gran sant, una veritable encarnació de Déu. Els monjos no li tenen cap amor, ni respecte i aquesta és la causa de tots els vostres problemes. L'encarnació divina viu amagada entre vosaltres." Quan acabà de parlar, el mestre aclucà els ulls i entrà en *samadhi*. El monjo no en va poder treure cap més informació.

Mentre tornava al monestir, el vell monjo s'anava preguntant quin dels germans devia ser l'encarnació. "Potser és el germà de la bugaderia? No. Té molt mal geni. I si fos el cuiner? Tampoc. És brut i desordenat i el menjar no el fa gens bo." Anava repassant mentalment un per un tota la llista de monjos i els anava descartant perquè a tots els trobava algun defecte. Però de sobte pensà. "Si el mestre ho ha dit, per força ha de ser algun dels monjos. Jo no puc saber quin és perquè només els veig les faltes. I si el sant mostra deliberadament una falta per ocultar la seva identitat?"

En arribar al monestir va explicar als monjos la gran notícia. Tots quedaren sorpresos i es miraren els uns als altres intentant descobrir qui era l'encarnació divina. Però mirant al seu voltant veien els germans amb les seves imperfeccions i els seus defectes. Hi va haver una gran discussió per tal d'esbrinar qui era el *Mahatma*. Finalment van decidir fer un esforç per respectar-se els uns als altres, per ser bondadosos i humils els uns amb els altres, ja que no tenien ni idea de qui podia ser el *Mahatma* i no volien pas tractar-lo malament. Tothom va estar d'acord que era una bona idea. Van començar a tractar-se d'una manera molt diferent, amb respecte i bondat, malgrat no saber si el qui tenien davant era el *Mahatma*.

S'esforçaven a veure només bondat en els altres i van començar a estimar-se. En no saber quin d'ells era el Sant, no podien evitar de pensar que es trobava en cada germà. L'amor que va anar omplint llurs cors els anava alliberant de tota negativitat. De mica en mica van anar copsant la presència de l'Ésser Suprem, no solament en els germans sinó a tot arreu, i així esdevingueren éssers alliberats. L'atmosfera del monestir es va anar transformant i novament la gent el visitava per impregnar-se de l'amor i la divinitat que hi regnaven.

Fills meus, l'amor i la llibertat són interdependents. Si ens alliberem completament de l'esclavatge de la ment i de l'ego, sorgeix un corrent d'amor dins nostre. Les persones són esclaves del passat i del futur, aquesta és la raó per la qual és tan difícil trobar amor veritable en el món. Per poder estimar realment, cal que el passat i el futur es dissolguin i desapareguin. Aleshores podreu viure el moment present amb tota la seva realitat, en un estat de total obertura, abans de passar al moment següent mantenint el mateix estat d'esperit. Quan viviu l'instant, la vostra presència és total. El moment proper no us importa ni irromp en la vostra ment. Així que no us preocupeu per res, no tingueu por ni idees preconcebudes. Viviu el moment següent tot oblidant el moment anterior. El passat ja no us interessa. L'oblideu. No hi teniu cap lligam, esdeveniu lliures per sempre. Per poder gaudir el veritable amor heu de ser completament lliures. Però a l'ensems, per ser lliures cal estar curulls d'amor. Si teniu por, ira o gelosia en sereu esclaus; qualsevol cosa que feu quedarà tenyida de negativitat. Com podeu ser lliures si esteu lligats a les penes del passat i a les preocupacions pel futur? Si teniu la temptació, pensant que cerqueu la llibertat, de fugir del món i anar-vos-en a una balma a l' Himàlaia o a qualsevol lloc solitari, no tindreu sinó maldecaps. La ment aviat sentirà el pes de la solitud. I què passa quan esteu sols? Us aneu apagant, i comenceu a rumiar i a somiar. No assaborim la veritable llibertat fins que estimem tots els éssers i totes les coses. Aleshores s'acaba la nit de la ignorància i s'alça el dia de la realització suprema.

Amma ha sentit explicar la següent història: Un mestre espiritual va preguntar un dia els seus deixebles:"Com sabeu que la nit s'ha acabat i comença un nou dia?" Un des deixebles respongué: "Quan podem distingir en la distància si una persona és home o dona" El mestre féu un gest de negació amb el cap. Un altre aspirant va dir:"Quan en veure un arbre llunyà podem saber si és una pomera o un mango. Aquesta resposta també era incorrecta. Els deixebles, intrigats, demanaren quina era la resposta correcta. Somrient, el mestre va dir: "Quan podeu veure en tot home un germà i en tota dona una germana és el final de la nit i el començament del dia. Fins que no passi això, ni que el sol il·lumini la terra a ple migdia, per a vosaltres serà de nit, perquè estareu a les fosques"

Fills, aquesta és una història bonica per recordar. Només quan aprengueu a estimar tots els éssers de la mateixa manera sorgirà la veritable llibertat. Mentrestant sereu esclaus de la vostra ment i el vostre ego.

Així que per ser lliures cal estimar. Però a l'ensems per poder estimar desinteressadament cal que esdevingueu lliures de tot esclavatge tant físic com mental.

Viviu d'acord amb el vostre propi dharma

Un devot va preguntar: "Amma, som caps de família i ens cal treballar per guanyar-nos la vida i protegir els nostres. Què hem de fer per poder accedir a aquest amor i aquesta llibertat?"

Amma: " Fills meus, heu de restar on sou i complir el vostre deure amb amor i dedicació. Si sou casats i esteu establerts en el món, no vulgueu pas escapar-vos-en, ni deixar la feina i les responsabilitats com a marit, muller, pare o mare. No penseu que Déu només us acceptarà si renuncieu a les vostres obligacions i us vestiu de color safrà. No va d'aquesta manera. Vestiu-vos com sempre, feu la vostra tasca, quedeu-vos a casa vostra complint els deures que teniu. Però alhora apreneu a viure dins el vostre Jo veritable. Això és el més important. Estudiem i aprenem moltes coses però mai això: l'art de romandre en el nostre Ésser veritable.

Cal fer l'esforç de viure d'acord amb el propi *dharma* i no provar mai d'adoptar el dharma d'un altre. Això fóra tan perillós com que un dentista volgués fer de cardiòleg i curar un malalt del cor. Seria perillós tant per a ell com per als seus pacients, ja que no estaria qualificat per guarir-los. No cal dir que el dentista s'ha de limitar a fer la seva feina. Ja en té ben bé prou amb la seva especialitat. Si realitza cada acció amb ganes, amb actitud amorosa i dedicació, i s'oblida d'ell mateix, pot arribar a assolir l'estat de perfecció.

Un devot va comentar: "A la *Bhagavad Gita* hi diu :"Val més morir complint el propi deure; el deure d'un altre és ple de perill"(*III, 35*)."

La Mare va somriure i continuà: "No es pot viure sense estar actiu d'alguna manera, ja sigui físicament, mentalment o intel·lectualment. Tots estem incessantment embrancats en alguna forma d'acció: és una llei invariable de la natura. Ningú no esdevé de sobte pur i desinteressat. Cal temps i un esforç concentrat, fet amb amor i paciència immensa. Feu les vostres accions en el món sense oblidar mai que la vostra meta final a la vida és deixar tot lligam i tota limitació. Recordeu sempre la vostra meta més elevada. Feu el que cal fer, però alhora no perdeu cap oportunitat per realitzar accions desinteressades. Aleshores, d'una manera progressiva, guanyareu puresa mental i devoció. Amb perseverança obtindreu més lucidesa mental i una profunda comprensió. Això us menarà a un estat de perfecció, a un estat d'autorealització.

Qualsevol acció feta amb l'actitud, la comprensió i el discerniment adequats us alliberarà, mentre que la mateixa acció feta incorrectament us lligarà. Un acte pot contribuir a purificar-vos, ajudar-vos a realitzar la vostra naturalesa divina o, contràriament, pot carregar més pes a la vostra negativitat, que és la causa del sofriment.

Feu el que feu, intenteu estar atents. Si manteniu l'atenció, de mica en mica anireu veient la càrrega innecessària de pensaments negatius que tragineu. Aquest estat d'alerta us ajudarà a deixar anar càrrega i esdevenir lliures. No hauria de passar res sense que en fóssiu conscients. No ha de passar ni un pensament per la vostra ment sense que us n'adoneu. Observeu amb cura la ment i els seus estats. Si esteu desperts veureu clarament què passa dins vostre. Si esteu atents al moment en què us comenceu a enrabiar, la còlera no us podrà passar desapercebuda. Però no n'hi ha prou d'observar, cal buscar la causa de les emocions com l'enuig."

Com detectar i eliminar la còlera

Pregunta: "Com es pot detectar i eliminar la causa de l'enuig?"

La Mare: "Aquest enuig ha estat causat per alguna cosa; la causa no es veu. Cal buscar-la dins nostre. L'enuig és a la superfície i vosaltres l'heu d'observar per mitjà de la introspecció. Per eliminar la còlera que provoca aquesta agitació a la superfície cal cercar-ne i eliminar-ne la causa. La ira a la superfície de la ment es pot comparar amb un arbre. La causa de la ira és l'arrel de l'arbre, que és sota terra i no es veu. Amb tot, la força de l'arbre ve de l'arrel. Si el vols destruir, només cal que n'arrenquis l'arrel. Si l'arrel es malmet, l'arbre mor. De la mateixa manera, així que us adoneu de la vostra negativitat, heu d'observar a dins vostre i cercar l'arrel d'aquesta negativitat. Així com l'arbre viu gràcies a l'arrel, la negativitat dins vostre, sigui quina sigui, existeix per una poderosa causa amagada en el fons de la ment. Heu de cercar-ne i trobar-ne l'arrel. Quan descobriu la causa que hi ha darrere la negativitat, la negativitat desapareix per sempre. Per fer aquesta tasca cal estar alerta i ben desperts. Si esteu atents mai no anireu en la direcció equivocada i mai no fareu res contrari al *dharma*. Una atenció constant us purifica fins al punt que esdeveniu l'encarnació de la puresa i aquest és el vostre veritable Ésser. En aquest estat suprem, les vostres intencions, les vostres paraules i obres són pures. El farcell d'impureses deixa d'existir, i resta únicament la llum de la puresa. Als vostres ulls tot és consciència. Això significa que ho veieu tot igual. Les aparences exteriors no tenen sentit per a vosaltres ja que heu desenvolupat la facultat de penetrar profundament i veure-hi a través dels objectes. La matèria sempre fluctuant perd importància. Només percebeu l'A*tman* immutable, l'Ésser"

La Mare va aclucar els ulls i es posà a cantar *Santamayi orukatte.*

Santamayi orukatte

Que el riu de la vida s'escoli alegrement
per unir-se finalment a l'oceà infinit de silenci
i esdevenir u
en l'oceà de Sat -Chit-Ananda.

L'aigua del mar s'evapora
i s'ajunta en grossos núvols de pluja,
Que deixen anar l'aigua per formar nous rius
cabalosos i ràpids, que s'afanyen a buidar-se en l'oceà.

Les nostres experiències, si bé variables,
tenen un propòsit en el joc diví,
la nostra vida, viarany ple de temporals,
és esperonada per l'anhel
de perdre's i realitzar-se
en el gran Més Enllà, el Diví.

El riu de la vida s'escola
i la seva experiència i saviesa es fan més pregones;
que flueixi suaument, sense obstacle
cap a la unió final amb son Senyor.

Amma és l'encarnació de la puresa i de l'amor suprems. En presència seva es produeix la purificació sense esforç. L'univers sencer es reflecteix en aquesta transparència i es pot experimentar l'energia còsmica. Ens podem oferir a aquesta llum, aquesta puresa i aquest amor suprem i serem purificats. La Mare accepta amb joia les nostres impureses i a canvi ens ofereix amor i puresa. Atanseu-vos a la Mare amb aquesta oració: "Oh Mare, aquí tens el teu fill, aquí tens la teva filla. Sóc incapaç d'oferir-te res que no sigui la meva impuresa. Oh origen de tota manifestació, rep la meva vida. Purifica-la i fes-la per sempre un instrument pur."

Pregunteu-vos: per què no puc somriure i ser feliç?

Una devota americana digué a la Mare:"Amma, el meu passat em martiritza terriblement. No hi veig cap sortida. Tu em dius que somrigui, però jo no en sóc capaç, perquè estic plena de tensions i de pors. Què puc fer per superar-les i somriure com Tu recomanes?"

Amma: " Filla meva, mentre carreguis el pes del passat no podràs somriure. Pregunta't a tu mateixa, per què estic trista? Per què m'és impossible de somriure i ser feliç? Mira la perfecció i la bellesa de la natura. No hi ha res que tingui la intel·ligència dels humans però tot vibra amb joia. La creació sencera és un cant d'alegria. La gent cull les flors més boniques i les arrenca de les tiges. Algunes serveixen per guarnir garlandes mentre que d'altres són trepitjades. La vida d'una flor és curta i s'ofereix de tot cor a tothom. Fins i tot ofereix el seu nèctar a les abelles, i tot i així és feliç. Els estels brillen en el cel, els rius s'escolen alegrement fins al mar, les branques dels arbres ballen mogudes pel vent, els ocells expressen llur joia amb alegres refilets. Pregunta't, per què sóc tan dissortada enmig d'aquesta festa joiosa?

A força de preguntar-t'ho trobaràs la resposta. La resposta és que la flor, els estels, els rius, els arbres i els ocells no tenen ego. Res no els pot ferir. Quan no tenim ego no podem conèixer altra cosa que la joia. Fins i tot les situacions doloroses esdevenen joioses. Malauradament tu tens un ego i tu l'has alimentat molt de temps. Tens un munt de sentiments ferits a dins. El teu ego i la teva individualitat es troben malmesos. Totes aquestes ferides estan en mal estat i supuren sang i pus. És sorprenent que hom triï viure en aquest estat sense mirar de guarir-se.

Tal com hem vist, el millor remei és observar de prop la ment. Aquesta pràctica traurà a la llum la causa oculta del sofriment. L'ego n'és la causa, l'arrel que no veiem. L'ego, invisible però poderós, ha de ser descobert. Aleshores desapareix tot dient: "No hi tinc res a fer, aquí, apa, adéu! No ens veurem pas més." No dirà: "A reveure". Descobrir l'ego significa anorrear-lo; és com enxampar el lladre en el seu cau.

Deixeu anar totes les penes passades i relaxeu-vos. La relaxació us ajudarà a tenir més força i vitalitat. Aquesta tècnica us permetrà albirar la vostra veritable naturalesa, l'origen de la vostra existència, que és un poder infinit. Apreneu a relaxar-vos en moments de tensió i nervis. Apreneu a prendre distància i observeu els pensaments negatius, els sentiments ferits i l'agonia mental per la qual passeu. No coopereu ni us involucreu mai amb la tensió i l'agonia i us adonareu que la tensió, les càrregues i la negativitat que porteu pertanyen a la ment; no són de l'Ésser superior interior, que és el vostre propi Ésser.

La relaxació potser no serà total al principi, potser només serà cosa de segons, però a mesura que ho experimenteu us hi sentireu més i més interessats. És una experiència meravellosa, per gaudir-ne plenament, de tal manera que cada cop en voldreu més. A mesura que practiqueu la tècnica per entrar en aquest estat, el vostre desig de romandre-hi creixerà i s'enfortirà. Per uns moments, podreu oblidar-ho tot, haureu tastat per uns instants la joia i la pau veritables, i aquests instants preciosos restaran per sempre a la vostra memòria. A més, la qualitat de la vivència que sentireu després d'aquesta experiència serà indescriptible. Sentireu una set insadollable de tornar a aquest estat.

Recordeu això: aturar-vos us dóna la força i l'energia necessàries per afrontar els reptes que us esperen en el futur. Estigueu relaxats i alhora atents.

Amma va demanar als *brahmacharis* de cantar un *bhajan*. Van cantar *Anantamayi patarunnor*.

Anantamayi patarunnor

El cel ample i immens,
l'Ésser interior
vibrant d'exaltació
es deixondeix!
Oh Mare!
deessa Ambika, verge eterna,
infinita, immaculada i plena de beatitud

Mai. Oh mai més no permetis
que aquest que t'implora
caigui en la temptació!
Els dies passen
i el dolor del meu cor augmenta;
oh deessa del meu cor,
no te n'adones?

No tinc mare?
No hi ha cap mare per a mi?
Digues-me, Oh benaurada mare,
digues-me...
Jo no cerco ni la benaurança
ni cap altra cosa,
dóna'm solament l'amor i la pura devoció.

Vigilància i Shraddha

Després de cantar, tothom va restar en silenci una estona fins que algú va fer una pregunta: "Amma, la vigilància és el mateix que *shraddha?*"

Amma: "Fills meus, tota l'espiritualitat es pot expressar amb una sola paraula, shraddha. Shraddha és la fe incondicional del deixeble en les paraules del Mestre o en les Escriptures. Les paraules del Mestre estan en sintonia amb les Escriptures. En realitat les paraules d'un Mestre són les Escriptures. Un deixeble amb una fe incondicional vigilarà la seva ment i els seus pensaments. En aquest sentit, *shraddha* és també vigilància. El significat de *shraddha* és estar plenament conscient. Ara bé, això només és possible si estem relaxats. Una persona tensa, agitada, que està pensant constantment en els seus fracassos a la vida, ni pot vigilar ni pot estar plenament conscient del moment present. El mateix passa amb la persona que només pensa en el futur. Tant una situació com l'altra us fan aturar, us fan perdre la creativitat i no podeu ser productius. Per contra, la relaxació intensifica la vostra consciència i farà emergir el vostre Ésser real. Només una persona relaxada pot estar atenta i desperta.

Fills meus, les dificultats són inevitables. Si ens entrebanquem i caiem no direm: "Bé, ja que he caigut, em quedaré estirat a terra per sempre més. No cal que m'aixequi per continuar el meu camí." Això fóra ridícul.

Un nen que aprèn a caminar fa moltes tentines abans de caminar correctament. Els fracassos són part de la vida. Recordeu que cada fracàs té un missatge d'èxit. Igual que les tentines de l'infant, els nostres fracassos són l'inici del nostre ascens a la victòria final. No cal sentir-se decebut o frustrat. No romangueu en la foscor. Eixiu a la llum.

Vosaltres sou la llum de Déu

La foscor no és el vostre lloc. La foscor és una presó creada per la vostra ment i el vostre ego. Aquesta presó és obra vostra i malauradament hi esteu tancats. No és casa vostra, perquè vosaltres sou de la llum. Vosaltres sou la llum de Déu. Tanmateix, torneu a les tenebres. Sigueu conscients que sou a la presó, reconeixeu-la i compreneu que no és la vostra veritable llar. Hem creat la nostra pròpia presó i n'hem forjat les cadenes. Ningú més n'és responsable ni hi està involucrat. Observeu que la foscor és foscor i no llum. Som a la foscor però malauradament pensem que som a la llum.

Els pensaments són el problema. Estem completament identificats amb els processos mentals. En el nostre estat mental actual, malgrat que som a la foscor i esclavitzats pel propi ego, ens creiem que som lliures i en la llum. Confonem la foscor amb la llum i l'esclavitud amb la llibertat. Es tracta de prendre consciència d'aquesta situació. No entenem que estem encadenats perquè hem estat encadenats a la fosca molt de temps. Les cadenes que ens lliguen esdevenen guarniments per a nosaltres i la presó és gairebé la nostra llar. El que considerem guarniments – fama, poder, riqueses – són en realitat les cadenes que ens lliguen. Aquesta falsa visió ha introduït el malestar i la tristesa a les nostres vides, i per això no podem somriure de tot cor. Però la veritat és just el contrari. Som la llum diürna i la benaurança és el nostre patrimoni. Som l'*Atman* eternament lliure i infinit. Portem a dins una vaga memòria de la nostra naturalesa real. A voltes aquest record esdevé més clar. Però la majoria de vegades no en som conscients i restem lligats per les cadenes. Cada vegada que aquest record es deixondeix, nosaltres intentem alliberar-nos-en. Amb tot, la cadena és d'una naturalesa tal que com més ens en volem desfer més ens ofega. Deixeu de lluitar, calmeu-vos i relaxeu-vos i descobrireu que sou lliures. N'hi ha prou de prendre consciència de les cadenes per segar-les. Us aferreu a tots els objectes creats per la ment. D'una manera insensata us identifiqueu amb els vostres pensaments, i creeu la vostra pròpia presó. Com podríeu alliberar-vos-en? És molt senzill. Deixeu-los anar, no hi coopereu de cap manera, simplement es tracta d'afluixar.

Sabeu com s'atrapen les mones en alguns llocs de l'Índia? Deixen a terra un pot amb un orifici estret ple de nous i altres fruits que els agraden molt. Aleshores la mona arriba, fica la mà dins del pot i agafa les nous.Com que té el puny clos, carregat de fruits, no el pot treure. La mona no afluixa la mà per no deixar anar les nous i és així com es queda atrapada. Per voler agafar quatre nous, es perd tot el bosc, els arbres magnífics, l'espai on poder viure lliurement, jugar i gaudir plenament de la vida. Només per quatre nous perd totes les nous fresques i gustoses que hi ha al bosc. Perd tot el seu món. Els éssers humans s'assemblen molt als simis. Una persona crida: "Allibereu-me! Vull ser lliure! " Però qui l'ha encadenat? Qui el lliga? Ningú. Res. Només ha de deixar de fer tot aquest soroll inútil, deixar de lluitar, calmar-se i relaxar-se, aleshores s'adonarà que és ell i només ell el responsable del seu captiveri. Que deixi anar les nous que aferra i podrà treure la mà fàcilment del recipient de coll estret que formen el cos, la ment i l'intel·lecte. L'home pot ser lliure. L'univers sencer li pertany.

La Mare que consola

Una devota occidental, que seia al costat d'Amma, semblava molt trista. La Mare es va girar vers la dona i afectuosament li va preguntar què la turmentava. Ella va esguardar la mare amb llàgrimes als ulls. Semblava voler una conversa privada. Aleshores Amma va demanar que tothom es retirés tret de la *brahmacharini* Gayatri, que feia d'intèrpret. La dona obrí el seu cor a la Mare. Havia avortat dues vegades i per aquesta causa no podia parar de patir. La devota va dir a la Mare: "Com més ho intento oblidar, més fort se me'n presenta el record. No em puc perdonar! Mare, perdona'm pel que he fet! Ajuda'm a oblidar i a tenir pau".

La Mare la mirava amb molta compassió mentre li acariciava el pit. I la consolà dient-li: "No pensis que el que has fet és un pecat molt gros. Era el teu *karma* i el dels dos nadons, passar per aquesta experiència. Els fetus estaven destinats a viure poques setmanes. Ara que has trobat Amma, cal que t'oblidis de tot això. No reaccionis davant del passat. En la reacció hi ha força i agressivitat. La reacció crea un neguit a la ment i el pensament que vols oblidar apareix amb més força. Reaccionar és lluitar. En lluitar contra ferides del passat, les fas cada vegada més fondes. La relaxació és el mètode que cura les ferides de la ment, no pas la lluita. En veure el teu error, ja te n'alliberes, ja ets perdonat. Amb el dolor que has sofert ja n'hi ha prou per redimir la falta. Qualsevol pecat es neteja amb les llàgrimes del penediment. Filla meva, Amma sap que has patit molt. D'ara en endavant no cal que portis aquesta càrrega. Amma tindrà cura de tu. Oblida-te'n i resta en pau." En sentir aquestes dolces paraules, la dona es va desfer en llàgrimes. Aleshores Amma la va tornar a abraçar i va deixar que el cap de la dona reposés a la seva falda, on va continuar plorant. La Mare, mentre li acariciava els cabells, digué a Gayatri: "Pobra dona! Tot això ho va fer per ignorància. Sens dubte, es trobava en unes circumstàncies difícils, que van motivar la destrucció de les criatures. El seu sentiment de culpa l'ha turmentada durant anys."

Alguns *bramacharis* es van quedar prop de la Mare, incapaços d'apartar-se de la seva presència. Ella els cridà i van tornar a seure al Seu voltant. La dona encara tenia el cap sobre els genolls d'Amma, que continuà parlant. Gayatri continuà traduint.

Ningú hauria de ser castigat eternament

"Per gran que sigui la falta comesa, quan es compren l'error i un se'n penedeix, cal que sigui perdonat. Això no vol dir que es puguin cometre errors conscientment pensant que quedarem lliures de càstig si després ens en penedim. Aquest no és el cas. Hem d'evitar de cometre errors tant com puguem. Com a éssers humans estem destinats a equivocar-nos, de vegades per ignorància i de vegades per la pressió de les circumstàncies. Segons la gravetat, de la falta el càstig pot ser necessari si d'una forma conscient una persona comet una i altra vegada els mateixos errors. Amb tot, ningú no ha de sofrir per sempre, cap ànima no ha de ser eternament castigada per errors que ha comès o ha intentat cometre. Hi ha persones que es penedeixen sincerament dels seus pecats. S'adonen del que han fet i volen canviar. Caldria permetre'ls aprofitar qualsevol oportunitat perquè puguin reprendre camí amb una nova visió de vida. Cal perdonar-los i crear al seu voltant una atmosfera favorable i amorosa per tal que puguin tirar endavant, abandonar el passat i iniciar una vida productiva. Aquestes persones necessiten el vostre amor i la vostra comprensió. Somrieu-los des del fons del cor i parleu-los amb amor. Que les vostres paraules de coratge i el vostre somriure sincer els arribin al cor i guareixin les seves ferides. Si el vostre amor i la vostra compassió els arriben, podran abandonar les tenebres del passat. La vostra compassió els aportarà el sentiment de ser estimats, aleshores estaran en pau amb ells mateixos. No els rebutgeu mai ni els qualifiqueu de pecadors, perquè en tot cas, tots som pecadors en oblidar la nostra veritable natura, la nostra existència en Déu. No hi ha falta més grossa, i per aquest error tots podem ser castigats. Però la compassió i el perdó de Déu són infinits. Déu ens perdona. Amma creu que Déu no deixarà sofrir eternament cap ànima. Si ho fes, no fóra Déu."

La dona reposava encara sobre els genolls de la Mare, que es va posar a cantar *Amme yi jivende*

Amme yi jivende

Oh Mare de l'univers,
no n'hi ha d'altra com Tu
que pugui eixugar les meves llàgrimes
i alliberar la meva ànima.
En arribar als teus peus,
aquesta ànima es realitza.

Ai! Ai!
Fins i tot ara la ment està submergida en l'aflicció
perquè ha errat el seu camí, enganxada a Maia,
abans d'arribar al final.

Et prego que em beneeixis
per tal de poder abraçar-te
amb pura devoció.
En aquest terrible oceà de mort i naixement,
els Teus peus de lotus són l'únic refugi.

No vindràs a vessar una mica de nèctar d'amor
sobre la meva ànima que es consumeix?

Aquest nen petit medita en la Teva forma
sense perdre ni un instant.
Jo et prego que no em facis esperar més.
Emporta-te'm al Teu costat
i transmet la pau interior
a aquesta ànima torturada.

Un cop acabat el cant, Amma aixecà dolçament la devota,
que semblava alliberada d'un gran pes. Tenia la cara més
lluminosa i somreia joiosament a la Mare. Féu un gran sospir
i digué: "Oh Amma, sento tanta pau. Has portat llum a la
cambra fosca del meu cor; com podria agrair-t'ho?"

Amma es va aixecar, va tornar a abraçar la devota i se'n va anar cap a la riba, al costat de la llacuna.

Capítol 6

El respecte sense amor engendra por

Amma estava asseguda davant de l'antiga cuina, envoltada de les *brahmacharinis* i de les mares de família, mentre servia els llegums. De seguida s'hi apropen altres *brahmacharinis* que s'havien assabentat que la Mare era allà. Amma s'adonà que una de les noies pelava un cogombre i en treia massa pell i va dir: "Filla, per que en treus tant? No malgastis res. Només qui no té *shraddha* gasta inútilment. Els actes del buscador espiritual han de ser reflexionats amb maduresa. Hauríem de ser capaços de mostrar en les nostres accions el silenci interior i la calma que obtenim per mitjà de la meditació. De fet, la meditació ens permet examinar amb més profunditat tots els matisos de les nostres accions. Un cop assolit aquest nivell, no es malbarata res. Si lleves massa pell al cogombre, llences una part comestible i en prives els residents de l'Ashram i tots els altres, inclosos els qui tenen fam. Un ésser que ha assolit maduresa espiritual gràcies a la meditació i altres pràctiques espirituals viu en un cert silenci, té certa calma interior i no actuarà mai d'aquesta manera."

Amma féu una pausa i algunes persones van fer-li preguntes:

"Amma, un dia vaig sentir que deies que un deixeble ha de mostrar alhora amor i respecte envers el seu mestre. També has dit que el respecte tot sol implica necessàriament por. Si et plau, ens ho podries explicar una mica més?"

Amma: "Quan s'imposa el respecte sense amor, per força hi ha d'haver por. El respecte conté la por. El mestre d'escola demana a l'alumne que s'aprengui un poema de memòria per a l'endemà. El pobre alumne no té gaire interès en el poema. S'estimaria més fer esport i mirar la tele. L'alumne respecta el seu mestre però no l'estima. Sent que li imposa allò que li desagrada, però no gosa dir que no perquè li té por, té por dels seus pares i del càstig que rebrà si els desobeeix. Així doncs, repeteix molts cops el poema i se l'aprèn de memòria. Això, però, no és veritable ensenyament. La por fa impossible qualsevol aprenentatge real. Aquesta manera d'ensenyar mai no portarà l'alumne a un coneixement veritable, perquè no surt del cor. Per respecte i per temor del mestre, l'alumne s'aprèn el text com una cotorra sense comprendre'n el sentit. Té el cor tancat. La por tanca el cor i el més probable és que l'alumne oblidi el que ha après. No pot aprendre si no té el cor obert. Si no l'hi té, aprèn i actua de forma mecànica.

Entreu informacions en un ordinador i les emmagatzemeu. Quan hi voleu accedir només us cal tocar algunes tecles i apareix la informació. Però si us equivoqueu de tecla, tot se'n va en orris. Tota la informació que heu emmagatzemat desapareix i la pantalla queda buida. L'ordinador no pot fer altra cosa que obeir les ordres que se li han donat. No té intel·ligència ni sentiments, només és una màquina inventada per l'intel·lecte humà.

Si al cor d'un ésser humà no hi ha amor ni compassió és com un ordinador ambulant. El respecte sense amor i fonamentat en la por tanca el cor i us transforma en màquines humanes. Si només obeïm els pares i els mestres per temor i per respecte, és com si entréssim dades a l'ordinador. De sobte la pantalla es pot quedar en blanc perquè li manca el suport de l'amor.

L'altre dia van venir a veure Amma uns pares amb el seu fill de set anys. El nen seia a la falda d'Amma que li feia preguntes perquè estigués content i per fer-lo parlar: com se deia, quin curs feia, li preguntava pels seus amics, pels seus jocs preferits, etc. Abans de respondre, el nen mirava cada cop el seu pare per demanar-li permís per parlar i fins que el pare no li donava el consentiment no contestava. Fins i tot quan Amma li va preguntar com se deia, el nen es va mirar el seu pare. No va gosar respondre fins que li va dir: "Digues a Amma com te dius". El nen tenia massa por per parlar. Allò no era respecte sinó por en estat pur. Si amenaceu un infant dient-li: "Si no creus, et castigaré" no sabeu pas el mal que li esteu fent. El nen es tanca i no pot expressar-se. I arrossegarà tota la vida aquesta por. Potser arribarà a ser ric i tindrà un bon nivell d'educació i un lloc important a la societat, però sempre portarà la por profundament soterrada i convertirà la seva vida en un infern.

Quan creem por i respecte per fer que un nen sigui obedient, d'això no se'n pot dir disciplina, per més que ho vulguem considerar així. L'autèntica disciplina constructiva es fonamenta en l'amor. Si no hi ha amor, el respecte i l'obediència es basaran en la por. Una relació amorosa ens obre el cor i permet que ens expressem clarament, com ens vingui de gust. L'amor us apropa, i dins d'aquesta intimitat la disciplina no és necessària. D'aquest amor neix un respecte natural que sorgeix d'una comprensió com cal. Dit d'una altra manera, quan s'estableix un vincle d'amor profund entre el mestre i el deixeble o entre el pare i el fill, és fàcil establir una disciplina sense ofendre els sentiments de qui n'és subjecte. Fins que no s'estableix aquest lligam cal ser pacient i perdonar.

Fills meus, potser heu sentit parlar de la relació que existia abans entre el *guru* i el deixeble. Els alumnes que venien a la *gurukula* eren de totes les castes i procedències. El període de formació durava com a mínim dotze anys. En aquella època el sistema educatiu era totalment diferent. No s'assemblava gens al de les escoles i els instituts d'avui dia. Actualment els alumnes han de prendre apunts i consultar els seus llibres de text. Al llarg del curs poques vegades miren la cara del seu professor. Escriuen, s'aboquen al manual i somien mentre miren per la finestra. No miren el rostre del mestre perquè no se l'estimen. Més aviat senten ressentiment cap al mestre. Encara que exteriorment mostrin respecte, en el fons no el senten. El respecte sense amor generalment sorgeix de la por, que al seu torn pot engendrar còlera i fins i tot odi.

La majoria de nens senten algun tipus de ressentiment cap als seus pares i els seus mestres, perquè els dominen. Senten que els adults els imposen les seves pròpies idees per força. Com que un jove depèn del seu pare i dels qui l'ensenyen, aquesta situació no li permet expressar el seu enuig. Alguns nens es rebel·len i causen problemes, però la majoria se sotmeten fins que assoleixen la seva independència. L'instint de sentir-se segurs pot més que cap altra cosa. Però quan deixen de ser dependents sovint esclaten i expressen lliurement els seus sentiments. El nen o l'alumne havia guardat el seu sentiment de ràbia a l'inconscient, i se l'empassava mentre fingia amor i respecte perquè necessitava els pares o els mestres. No hauria pogut prescindir del sosteniment material ni de l'educació que li proporcionaven, però un cop passada aquesta etapa no pot contenir la ràbia i explota.

Pensaments com ara: "M'han dominat, no m'han deixat fer el que volia, m'han castigat i m'han humiliat davant de tothom" de vegades es manifesten com a odi o ràbia. Aleshores el jove es vol venjar. S'ha esvaït el respecte perquè, en no sorgir de l'amor, no ha estat mai veritable. En aquest moment el noi mostra l'autèntic rostre que s'amagava darrere la màscara del respecte: el de la ràbia.

Això és el que passa en totes les relacions d'aquesta mena, si manquen l'amor i la comprensió necessaris. La ràbia es va congriant com un foc que espera el moment d'encendre's.

Així, si algú que està compromès en una relació no cultiva una bona actitud, feta d'amor i comprensió, dissimula el volcà que porta a dins. Aquesta és l'experiència de centenars de milers de persones. Amma, que ha tingut contacte amb milions de persones a tot el món, vingudes de totes les procedències, us pot assegurar que és cert. Hi ha excepcions, hi ha persones que menen una vida feliç i equilibrada, però a la majoria els passa el que us he explicat"

La Mare va fer una pausa i va demanar a les *brahmacharinis* que cantessin, i es van posar a cantar *Amritanandamayi janani…*

Amritanandamayi janani

Oh mare Amritanandamayi,
Tu encarnes la misericòrdia,
la compassió, la saviesa i la beatitud.

Tu que destrueixes tots els obstacles,
Mare de Vinayaka Ganesha.
Oh Mare,
Tu encarnes la santedat
i el coneixement,
ets Tu qui ens dones l'intel·lecte.
Els Vedes són la teva forma,
Tu ets Consciència, el pur Ésser,
oh Mare Amritanandamayi.

Amritanandamayi,
Tu ets Sarasvati,
Deessa del Coneixement,
Tu tens el llibre i la vina,
Tu ets Brahman,
Tu ets Mahalakshmi, Deessa de la Fortuna,
Parvati, Deessa de la Força,
Sankari, sempre favorable,
i Adi Parashakti, la força primordial.

Tu ets Vishnoumayi,
el poder dinàmic que sosté el món,
i Shiva-Shakti,
l'Activitat i la Passivitat;
Mare de l'Univers,
protegeix-nos!
Presenta't davant nostre en Krishna i Devi Bhava,
oh Amritanandamayi.

La Mare tenia els ulls tancats. Les *brahmacharinis* La contemplaven en silenci i intentaven amarar-se del significat profund del *bhajan* que acabaven de cantar. Al cap d'uns minuts, Amma obrí els ulls i somrigué als Seus fills. Una dona va dir: "Amma, tindries la bondat de parlar-nos una mica més de la relació que hi havia a les antigues *gurukules* entre *guru* i *sishya*?"

La relació guru-sishya a les antigues gurukules

Amma: "A les *gurukules* dels antics *rishis*, on els deixebles vivien amb els mestres, servint-los i aprenent les seves lliçons, ningú no prenia apunts ni s'abocava als llibres. Els deixebles en tenien prou amb mirar el mestre mentre parlava. Això era suficient. No calia cap manual ni cap quadern. Les paraules del mestre penetraven directament en els cors dels deixebles. Això era possible gràcies al lligam profund que els unia. El mestre no imposava pas la disciplina a la força o dominant els deixebles, ans al contrari, entre ells existia una relació sorgida de l'amor i la comprensió veritables. El mestre mostrava un interès real pels seus deixebles i, a canvi, ells li expressaven amor i respecte i se'n preocupaven sincerament. Aquest respecte no sorgia de la por sinó d'un amor profund.

El mestre obria el seu cor als deixebles, els acollia i els acceptava plenament sense cap reserva. L'obertura i la generositat del mestre feien que els deixebles estiguessin oberts en presència seva. Tot i ser un tresor inextingible de saviesa, el mestre era molt humil. No adoptava pas l'actitud de "Jo sóc el mestre i vosaltres sou els meus deixebles, i per tant, heu de fer el que us mano perquè si no us castigaré."

Els deixebles, si tenien algun dubte, tenien plena llibertat per formular preguntes al seu mestre. El mestre, essent l'encarnació del coneixement, era capaç d'aclarir-los-els tant en la teoria com en la pràctica. A les escoles modernes, quan els alumnes tenen dubtes, no gosen formular preguntes perquè entre ells i el seu professor no hi ha amor ni intimitat. Ni l'ensenyant ni els alumnes no estan prou oberts, ningú té set de donar o de rebre coneixement veritable. Els mestres troben difícil clarificar els dubtes dels seus alumnes, perquè ells tampoc no han rebut un coneixement veritable durant els seus estudis. La relació amb els seus propis ensenyants patia la mateixa mancança.

A les antigues *gurukules*, el mestre pregava amb els seus deixebles: "Que Brahman es digni protegir-nos, que ens nodreixi a tots i que ens doni l'energia que necessitem. Que aquest estudi contribueixi a ajudar-nos a veure-hi clar i que mai no hi hagi rancúnia entre nosaltres. Om Shanti, Shanti, Shanti!"

La pregària era tant per als alumnes com per al mestre, era una demanda de benedicció per a la comprensió i el progrés espiritual d'uns i altres. Al mestre no li calien els deixebles, simplement donava un exemple magnífic d'humilitat.

El mestre no parava de pregar. Fills meus, qui es lliura a la pregària no manifesta l'ego, és humil en qualsevol circumstància. En aquell temps la humilitat, l'amor i la paciència donaven bellesa i plenitud a la vida. Encara que el mestre fos un ésser realitzat i omniscient, es mostrava humil davant dels seus deixebles.

Ningú no manifesta el seu ego en presència d'una ànima veritablement humil. Els deixebles que anaven a estudiar amb un mestre d'aquesta mena, fins i tot si no estaven lliures de l'ego, es mostraven humils i obedients davant seu. En aquesta època, els prínceps, els fills de la noblesa i estudiants pertanyents a tots els estaments de la societat anaven a les *gurukules*. Als ulls del mestre tots eren iguals. Vivien, menjaven i dormien junts, i rebien la mateixa ensenyança. Treballaven físicament, tenien cura de les vaques del mestre, anaven al bosc a buscar llenya, s'ocupaven de les collites, etc.. Però hi havia un amor immens entre el mestre i els deixebles. No hi havia còlera ni ressentiment entre ells.

Quan hi ha tant d'amor, el cor és gran i obert, tan obert com el d'un infant. Aquesta obertura, nascuda de l'amor, permet als deixebles aprendre tan sols escoltant el mestre i mirant el seu rostre. No els calia prendre apunts ni fer servir cap manual, i per aprendre's un poema o una lliçó no els calia repetir-los cent vegades. N'hi havia prou amb escoltar una vegada el mestre: es recordaven del text per sempre més. Mai no oblidaven el que havien après contemplant el rostre del seu mestre estimat. L'atenció veritable només es dóna on regna l'amor. Quan parlava el mestre, parlava l'amor i els deixebles rebien les seves paraules des de l'amor. Gràcies a l'afecte que sentien pel mestre, el cor dels deixebles era com un camp fèrtil, preparat per rebre el coneixement que aquell els transmetia. L'amor donava i rebia. Feia que mestre i deixeble s'obrissin l'un a l'altre. No es pot rebre i donar de debò si l'amor no és present. Sense amor no hi ha atenció real, ni *shraddha*, perquè qui escolta està tancat. Si teniu el cor tancat fàcilment us domina la còlera (el passat) i el ressentiment, i res no hi pot entrar.

El sistema educatiu modern i les vies dels antics mestres

Pregunta: "Quin és el problema del sistema educatiu actual ?"

Amma: "En aquest sistema educatiu manca l'obertura de la qual parlàvem. Tant el professor com l'alumne es tanquen. No es comparteix, no hi ha amor sinó ressentiment. Els mestres no són humils, molts són orgullosos. Volen dominar els alumnes i impo-sar-los les seves idees. Si els alumnes no els escolten, s'enfaden i volen castigar-los. Aquesta manera d'apropar-s'hi tan poc intel·ligent destrueix tota probabilitat d'establir una relació amorosa entre ells que els permetria entrar en la profunditat de l'autèntic coneixement. Una de les causes principals de la decadència del sistema educatiu és aquesta absència de lligam amorós, de relació positiva capaç d'aproximar el mestre a l'alumne. Tan sols un amor veritable i una mútua acceptació podrien permetre'ls de comprendre's, la qual cosa obriria les portes a un canvi real.

Però ara són com pols oposats i aquesta distància interior fa que sigui impossible qualsevol ensenyança. L'ego ha creat un abisme entre el mestre i el deixeble. El mestre no parla des de l'amor sinó des de la vanitat: "Jo sóc el mestre i vosaltres els alumnes. Jo ho sé tot i vosaltres no sabeu res. Més val que m'escolteu, si no..." L'alumne és sensible a aquesta actitud. També es mostra arrogant quan percep la suficiència del professor i pensa: "Per què he d'escoltar aquesta persona? I ara! ". El cor se li tanca i entre ell i el mestre s'aixeca un mur espès. El mestre continua parlant però a l'alumne no li arriba res. És físicament present, assegut a la classe, a uns quants metres del professor, però en realitat són a milers de quilòmetres l'un de l'altre. Tots dos estan tancats. Quan parla un cor tancat no en surt res; el coneixement només troba ressò dins el parlant i no pot impactar el receptor: un cor tancat parla i un cor tancat escolta. Dit d'un altra manera, no hi ha una veritable transmissió de coneixements.

Avui dia tothom desitja rebre atenció, perquè això alimenta l'ego, que en viu. Tant l'alumne com el mestre necessiten atenció i, si no l'obtenen, la seva ment s'omple de ràbia i de ressentiment. En certs casos, fins i tot arriben a ferir-se mútuament.

La mena de relació que avui dia es dóna entre el mestre i l'estudiant no permet a ningú de transformar-se o créixer. Així no hi haurà manera que el coneixement arribi a l'alumne. Una relació així només crea sentiments negatius a tothom. Porteu el pes de les ferides produïdes per circumstàncies d'aquest tipus i tota la vostra vida esdevé una gran ferida plena del pus de les emocions negatives intenses.

Hi hagué un temps en què el mestre transformava els deixebles amb la seva simple presència, o, més ben dit, que aquesta transformació es produïa en el deixeble. Així n'era, de potent, aquesta presència.

El poder, font de transformació, era el poder de l'amor i la compassió que els deixebles percebien en presència del mestre. Quan el cor d'un ésser és ple d'amor i compassió, el vostre propi cor s'obre espontàniament de la mateixa manera que s'obre una flor amb el sol. En presència de l'amor, la poncella del vostre amor esclata. El mestre no necessàriament us ha de donar instruccions, pot ser que no us ensenyi verbalment, però l'obertura s'esdevé d'una forma tan natural com quan una flor desplega els seus pètals. Així ha de ser si estem en presència d'un mestre autèntic.

A una flor no li cal que l'ensenyin a florir, i el rossinyol no ha rebut mai lliçons de cant. El procés és natural i no requereix força de cap mena. De la mateixa manera, en presència d'un gran mestre el vostre cor, que encara era una poncella tancada, s'obre. Us torneu tan receptius i innocents com un infant, el nen o la nena humil i obedient del mestre. No us ensenya res. Ho apreneu tot sense rebre instrucció. La seva presència i la seva vida són l'ensenyament suprem. No calen ni autoritat ni força; tot passa d'una manera natural i sense esforç. Tan sols l'amor pot fer el miracle.

En el sistema educatiu modern, els alumnes esmercen la seva energia repetint les lliçons moltes vegades per aprendre-les de memòria. L'educació s'ha convertit en un procés que dissipa l'energia. Els alumnes estan sotmesos contínuament a una forta pressió; durant els períodes d'exàmens, sovint els pares els provoquen estats d'estrès.

Segons Amma, tant si el nostre objectiu és material com espiritual, no el podem assolir si rebem una pressió excessiva per totes bandes.

El sistema educatiu modern pesa com un fardell damunt les espatlles dels alumnes i els pares sovint agreugen aquesta situació. Només coneixen un mantra i no paren de repetir-lo als seus fills; "Has d'estudiar la lliçó, fer els deures i no fer altra cosa que estudiar".en època d'exàmens, per comptes d'estar relaxats, els alumnes viuen una gran tensió.

Ensenyeu-los l'art de relaxar-se i d'estar còmodes. Com podran aprendre, si no estan distesos? És impossible estudiar sense estar relaxat. És la primera lliçó que cal assimilar. És molt important que els pares ho entenguin abans d'exigir qualsevol cosa als seus fills.

Amma els suggereix de practicar la relaxació en la seva pròpia vida. No entendran com n'és d'important per als seus fills fins que ho experimentin. Les pràctiques espirituals com la meditació, la repetició d'un mantra i els cants devocionals són mètodes que permeten aturar la ment i restar obert, com una flor frescament desclosa.

Els pares no saben el mal que fan als seus fills dient-los constantment: "Estudia, estudia, estudia!" Quan els fan anar a cursos d'estiu o a classes particulars durant els caps de setmana, els pobres nens i nenes van d'un mestre a l'altre, gasten la seva energia i pateixen un fort estrès. Quan l'alumne torna a casa a la tarda està pàl·lid i esgotat; no pot ni sopar tranquil. Per tant, no pensa en altra cosa que els estudis. Llegeix i torna a llegir, repeteix indefinidament les lliçons i se les aprèn de memòria, com si entrés informació en un ordinador. El jove s'empassa informació i més informació, se sobrecarrega i s'emborratxa de més dades de les que és capaç d'absorbir.

Potser traurà unes qualificacions excel·lents i passarà els seus exàmens amb molt bona nota, però al final dels seus estudis, serà com una mena de màquina. Haurà perdut la capacitat de vibrar, de sentir l'amor i la bellesa de la vida i no posseirà ni una gota d'autèntica saviesa. No hi haurà ni jocs ni rialles en la seva vida. Estarà tancat, i d'adult no serà capaç de somriure a la seva esposa o de jugar amb els seus fills. Potser serà conegut o fins i tot una eminència en el seu terreny, però com a ésser humà fracassarà. Li mancarà l'esclat de la vida. A casa sempre es mostrarà seriós i tibat. Encara que sembli adient, fer sempre un posat seriós és una mena de malaltia.

Quan envelleixen, a les persones d'aquesta mena els minven les facultats a causa d'haver adquirit coneixements únicament d'una forma intel·lectual. Han acumulat informacions estudiant sense descans. No han estat mai còmodes i distesos. En aquest procés, han fet un ús erroni de les seves facultats interiors perquè no han permès mai que la ment es relaxi. La ment s'ha erosionat i s'ha escalfat com una màquina. Aquestes persones han anat omplint la ment sense aturar-se, sense desconnectar-la i així permetre que descansi i es refredi. No han tingut cura de la seva màquina, i ara estan cremats."

Mentre les paraules vibrants d'Amma escampaven el perfum de la Seva divina presència al cor dels qui escoltaven, es posà a cantar *Devi jaganmata*.

Devi jaganmata

Glòria a la Deessa, a la Mare del món,
a la Deessa de l'energia suprema!

Oh Verge eterna
que practiques austeritats a Kanyakumari,
a la riba del mar blau,
vine i fes-me un favor!

Oh Mare, la veritable natura de la qual és la llum,
la forma de la qual és perfecta,
feta de saviesa, de veritat,
d'energia i de beatitud!

Om.
Glòria a la Mare de l'Univers!

L'art de la relaxació

La conversa continuà.

Pregunta: "Amma, parlaves de la tranquil·litat. Tindries la bondat de parlar-nos-en una mica més?"

Amma: "No es pot adquirir un coneixement veritable si no s'estudia amb calma. Els estudis dirigits per la tensió i l'esforç, sense permetre que el cos i la ment es relaxin, no poden portar a l'èxit. De fet, la tranquil·litat ens dóna la clarividència i l'energia necessàries per aprendre i retenir el coneixement autèntic. El que s'aprèn d'aquesta manera serva una frescor eterna, a qualsevol edat que tingueu. Una memorització mecànica, amb esforç i estrès i sense calma, no contribuirà en res al desenvolupament general d'una persona. Només qui ha estudiat amb una ment tranquil·la pot portar realment a la pràctica el coneixement adquirit i esdevenir un mestre en el seu camp. Els altres tan sols portaran el pes dels seus coneixements al cap. Transporten una càrrega d'informacions que consideren un ornament per a la seva personalitat, però aquesta càrrega el que fa és, en certa mesura, desfigurar-la. Centenars de milers de persones en el món estudien les diferents ciències i altres branques del saber. Els doctors i lletrats es crien com bolets. També hi ha milions d'enginyers i metges sobre la capa de la terra. Però quants contribueixen veritablement amb els seus estudis i els seus coneixements al bé del món? Quants excel·leixen realment en el seu camp? Ben pocs. Quantes de les innombrables persones que estudien música o arts plàstiques esdevenen pintors o músics capaços de captivar l'ànima? Només uns quants. Molts d'altres han estudiat a la mateixa universitat que ells, amb els mateixos professors i en les mateixes condicions. Com és que tan pocs han arribat a ser veritables mestres reconeguts?

La raó és que només uns quants han après l'art de la calma. Uns quants estaven tranquils quan estudiaven. La resta tan sols s'ha omplert d'informacions. Volien treure bones notes, tenir una bona feina, ben pagada, una bona casa i una família, la seva ambició arribava fins aquest punt, i els seus estudis també. Hi veien una meta, en tot això, i no els importava res més. Aquesta mena de persones alimenten constantment inquietuds i mai no estan disteses. Suporten molta tensió i estrès perquè mai no han après a afluixar.

Però qui sap estar distès continua aprenent. La seva set d'aprendre mai no s'esgota. Continua adquirint coneixements i és capaç d'aplicar-los. No només estudia des d'un punt de vista abstracte, sinó que inventa noves tècniques i instruments que li permetin explorar els temes d'estudi. No en té prou amb un coneixement teòric del medi submarí, sinó que se submergeix en les profunditats per descobrir el que s'hi amaga. La seva curiositat no s'esgota mai. Malgrat la seva set insaciable d'aprendre i de saber, està sempre tranquil i aquesta actitud li dóna la força i la vitalitat necessàries per a assimilar encara més coneixements i dur-los a la pràctica mitjançant l'èxperiència. Aquesta mena de persones poden submergir-se en el seu propi Ésser, que és la font de tot coneixement, si tenen prou fe i determinació. Això els ajudarà a realitzar la seva existència veritable en l'Ésser.

Certs poetes, pintors, místics i científics passen força temps sols practicant la concentració i la calma. Fugen del brogit del món i es retiren. Sols, asseguts, perfectament en calma, deixen d'identificar-se amb la ment i amb els seus pensaments. Sovint es deixen anar cap a un estat profund, semblant a un estat de trànsit. Quan en surten, són capaços de crear una obra mestra. Se sap de molts fets d'aquesta mena. Però, com es produeixen? Es tracta del fruit d'un silenci profund que regna en l'interior de les persones que viuen aquestes experiències. Quan la ment és buida de pensaments, quan es troba lliure de pertorbacions i no està agitada, hi ha un despertar dels dons latents, i les facultats infinites del pensament es manifesten. Quan s'accedeix al reialme del coneixement pur, diví, es produeixen les revelacions. Aquest és el poder de la calma interior.

En conseqüència, fills meus, si voleu aprendre de debò les vostres lliçons, el millor mètode és relaxar-vos. El vostre intel·lecte mantindrà l'agudesa, la vostra memòria augmentarà enormement, i no malbaratareu l'energia repetint cent vegades una lliçó per tal de memoritzar-la. Si esteu profundament relaxats, n'hi haurà prou amb llegir la lliçó una vegada, i us en recordareu per sempre.

Heu vist alguna vegada els vostres avis llegir un text sagrat o un llarg himne sense mirar el text ni una sola vegada? Ells el van haver d'aprendre quan eren joves. Els seus pares els el van ensenyar o bé el van sentir recitar. El declamen amb precisió, sense errades i amb una bona entonació. Han passat almenys trenta anys i el reciten a la perfecció. Quina memòria!

Fa uns quants anys, Amma visità uns devots i va conèixer l'àvia de la família. Tenia més de noranta anys, era al llit i estava extremadament prima. La vida se li escolava però encara podia parlar. Amma es va asseure al seu costat, al llit."Mare, obre els ulls. Mira qui tens asseguda a prop teu! És Amma!", li digué la seva filla. L'anciana obrí lentament els ulls i va mirar Amma amb un somriure radiant. Aleshores la seva filla li va dir: "Mare, canta el *Narayaniyam* per a Amma." Abans que la filla acabés la frase, l'àvia es va posar a recitar els versicles en sànscrit de seguida, amb una claredat absoluta. Va continuar una bona estona sense mostrar signes de fatiga; al final la seva filla li va haver de dir que parés.

Fills meus, fixeu-vos en Achamma (*l'àvia paterna d'Amma*), gairebé té noranta anys, però encara es lleva a les quatre del matí, es renta amb aigua freda, repeteix les seves lletanies habituals; i cada dia teixeix una garlanda que Amma porta durant el *Devi bhava*.

La gent d'abans estava molt més distesa que els nostres contemporanis. No tenien pressa, cada dia trobaven un moment per llegir les Escriptures, recitar els versicles de les epopeies i cantar la glòria del Senyor en una atmosfera de pau i tranquil·litat.

Nit i dia, tota la família es reunia a la sala de pregària per cantar els noms del Senyor i pregar tots junts. Aquests moments de calma, que es preparaven enmig d'una vida quotidiana molt activa, els ajudaven a complir la seva feina en el món mantenint un bon equilibri mental.

Recordeu-vos de l'exemple de l'anciana recitant els versos del *Narayaniyam*, fins i tot en el seu llit de mort. Com es pot explicar, això? No l'hi havien pas ensenyat com una dada més entrada en un ordinador. L' havia après com a ésser humà intel·ligent, amb una ment distesa, sense estrès, i estimant el text. Tot el que estudieu mantenint la calma conservarà la frescor fins que us moriu. I tot el que haureu après amb una ment plena de tensió i estrès després ho oblidareu. En realitat, no podeu retenir res sense distensió, perquè enlloc d'entrar dins vostre, resta en la superfície, com les ones de l'oceà, que apareixen i desapareixen. El coneixement acumulat per la ment sota tensió no pot arrelar; aquest coneixement està sotmès al canvi i a la transformació. La ment no pot fer una altra cosa, doncs, que retornar-vos-en una imatge desenfocada. Fills meus, apreneu a estar relaxats en qualsevol circumstància. Feu el que feu i sigueu on sigueu, relaxeu-vos i descobrireu la força que hi ha en una actitud així. L'art de la relaxació permet que es manifesti el poder que hi ha en vosaltres. D'aquesta manera podeu prendre consciència de les vostres infinites facultats. Es tracta de calmar la vostra ment i de concentrar tota la vostra energia en la feina que estigueu fent, sigui quina sigui. Això us permetrà de fer servir tot el vostre potencial. Quan sigueu mestres en aquest art, tot passarà espontàniament i sense esforç. Per exemple, si voleu aprendre un discurs o un poema, us asseieu i us relaxeu mirant de buidar la vostra ment de qualsevol altra cosa, i llegiu el text una vegada - no pas cent vegades sense menjar ni dormir- i l'aprendreu per sempre. No l'oblidareu mai més. La ment humana conté facultats infinites. Pot contenir l'univers sencer i tots els coneixements junts. Però no hem après com accedir a la font infinita del pensament."

Amma parà de parlar, i una devota va començar a declamar alguns versicles de la *Uddhava Gita* (*un capítol de l'Srimad Bhagavatam. Es tracta d'una conversa entre Sri Krishna i el seu gran devot, Uddhava*). Recitava d'una forma melodiosa, a la manera clàssica.

Així que acabà la darrera estrofa, Amma la va mirar amb afecte i li va dir: "Filla meva, has recitat magníficament." La devota, contenta i feliç, digué: "És la teva gràcia, Amma."

El flux de les paraules d'ambrosia de la Mare continuà escolant-se. "Fills meus, coneixeu aquesta història? Fa molt de temps, un emperador va conquerir l'Índia. Tenia, a més, una altra intenció : volia endur-se una edició perfecta i original dels quatre *Vedes* al seu país. Va enviar missatgers a diferents parts de l'Índia amb la missió de trobar-hi un exemplar autèntic. Acabà per descobrir que una família brahmana del Nord de l'Índia en posseïa un i se'n va anar immediatament al lloc on vivia la família acompanyat de tot un batalló de soldats.

El brahman, que era un home pobre, vivia amb la seva esposa i els seus quatre fills en una petita cabana a la riba del Ganges. Era el cap de família. L'emperador va ordenar als seus soldats de cercar la cabana i després va entrar i ordenà al brahman que li donés els *Vedes*. L'home restà molt tranquil i respongué: "Altesa, no cal fer tant d'enrenou. M'alegrarà donar-vos-els! Però doneu-me un dia. He de celebrar una cerimònia molt especial abans de lliurar-vos els *Vedes*." Veient la mirada recelosa de l'emperador, el brahman continuà: "No patiu, si voleu, deixeu que els vostres soldats acampin aquí i em vigilin. No tinc pas intenció de fugir. Tingueu la bondat de tornar demà al matí, perquè he de celebrar el ritual abans de donar-vos els llibres."

L'emperador se'n va anar després de donar les instruccions necessàries als seus soldats. Però l'endemà, en entrar a la cabana, veié el brahman oferint la darrera pàgina dels quatre *Vedes* al foc sacrificial, mentre cantava els mantres que hi havia escrits. Els seus quatre fills seien al voltant del foc, i el pare presidia la cerimònia. L'emperador s'enfurí i li cridà : "M'has traït! Et faré decapitar per expiar aquesta ofensa!" El brahman restà calmat i respongué : "Altesa, és inútil que us encoleriu. Mireu aquests quatre fills. Han estat tota la nit asseguts al meu costat escoltant com recitava els *Vedes*, un llibre rere l'altre. Com podeu veure, ara mateix he acabat de llegir el darrer volum. No penseu que us he traït en destruir els textos, o que he faltat a la meva promesa. Tant si em creieu com si no, els meus fills han memoritzat cada mot dels quatre *Vedes*. M'han escoltat i poden recitar el text sencer sense ometre ni un mot. Emporteu-vos-els al vostre país. Són capaços de transmetre'n els coneixements amb tota la seva puresa original."

Incrèdul, l'emperador digué: "És inconcebible. No et crec pas." El brahman aleshores demanà als seus fills que recitessin els *Vedes*, i per ordre de l'emperador, començaren a recitar-los tots quatre perfectament, sense una sola falta. Recordeu que s'ho havien après tot en una nit. Tan sols escoltaren amb concentració i molt d'amor el que recitava el seu pare, i penetrà directament al seu cor. D'aquesta manera els fou possible retenir-ho tot espontàniament. Però observeu la situació actual. Els alumnes aprenen a força de repetir un text innombrables vegades i, tot i així, en un moment donat l'obliden quan han d'aixecar-se i recitar-lo a la classe davant dels seus companys. El problema és la por.

Els màgics, els matemàtics, els científics, els músics, els pintors, etc. tan sols desenvolupen una part del poder de què disposen. Només un veritable mestre, establert en l'*Atman*, té accés a aquesta font infinita que existeix en cadascun de nosaltres"

Amma parà d'enraonar i de sobte va canviar d'humor. El seu rostre prengué l'expressió d'un infant innocent. Es girà i, en un to implorant, demanà a una de les *brahmacharinis*, que havia estudiat música clàssica, que cantés Nilambuja nayane.

Nilambuja nayane

Oh Mare dels ulls de lotus blau,
no sents com sanglota aquest cor,
aquest cor adolorit?
És per causa de les meves accions en una vida anterior
que visc errant en la solitud?
He travessat les eres
abans d'assumir aquesta naixença.

Et prego, pren-me amb els Teus braços
en una abraçada maternal;
deixa que m'arrauleixi a la Teva falda
com un infant.
Oh Mare, potser jo no Et mereixo,
però n'hi ha prou amb això perquè abandonis el Teu fill?
Vine i porta'm a prop Teu,
embolcalla'm amb el Teu esguard misericordiós.

La tècnica de la relaxació

Després d'un breu silenci, algú va preguntar: "Com funciona, doncs, el procés de la distensió?"

Amma: "Fills meus, quan us distendiu, ho oblideu tot i així creeu un espai lliure i la vostra ment es buida. Imagineu que esteu asseguts en un parc, al costat del vostre estimat. Al voltant vostre passen moltes coses. La gent discuteix, parla dels últims canvis en la política, els nens juguen, els joves criden, xisclen i fan animalades; però vosaltres i el vostre estimat, asseguts en un cantó mirant-vos fit a fit, perdeu la consciència del que passa al vostre entorn. Si oblideu tots els pensaments i els deixeu de banda, us ompliu del dolç perfum de l'amor i el cor es pot eixamplar. En aquest instant tot s'atura, fins i tot vosaltres i el vostre estimat deixeu d'existir. Només resta l'amor. L'ahir i el demà deixen d'interferir. Quan el passat i el futur es dissolen, l'amor esclata i només en aquest amor es troba la veritable calma.

Així mateix, quan esteu distesos oblideu tota la resta, i en aquest estat d'esperit, si concentreu tota la vostra energia en un tema, aconseguiu absorbir-lo. Aleshores tot el vostre ésser s'obre, cada cèl·lula, cada àtom del vostre cos és tan receptiu que us empasseu el tema sencer i l'assimileu.

És el mètode que utilitzaven els *rishis* en l'educació dels seus deixebles. Els ho feien oblidar tot i els ensenyaven a assossegar-se. En aquesta atmosfera amorosa i d'obertura, oblidaven els seus condicionaments anteriors.

Els deixebles que estudiaven a les *gurukules* pertanyien a totes les classes socials. Des d'un príncep fins al fill de l'home més pobre, tots estudiaven a la mateixa ermita, sota la direcció d'un mateix mestre. Normalment una situació així podria provocar tota mena de desacords i conflictes. Us podeu imaginar com aquells nens, que venien d'ambients totalment diferents, podien viure al mateix lloc, un lloc on, a més, les condicions de vida i el confort, en general, eren espartans? La majoria d'aquelles *gurukules* d'abans es trobaven als boscos, lluny de les ciutats i els pobles. El mestre no feia cap diferència entre els deixebles; no proporcionava al príncep una bona estança moblada, separada de la resta i amb servents que se n'ocupessin. I tampoc no instal·lava el fill del pobre en una cabana humida i polsegosa, petita com una capsa de llumins. No hi havia cap discriminació entre ells, ni pel que fa a l'allotjament ni pel que fa als vestits. Menjaven els mateixos aliments, dormien damunt del mateix terra i portaven vestits senzills. Tant el fill del rei com el d'un ministre com el del pobre s'havien d'adaptar a una vida senzilla i treballar durament. No hi havia distinció ni parcialitat. Per contra, ho compartien tot de bon grat, i hi havia entre ells un amor profund i un gran sentiment d'unitat.

La qualitat del mestre era la font de la bellesa i la gràcia de la seva vida. La seva presència ajudava els deixebles a oblidar totes les dissensions, a viure en la unitat i a beure la coneixença que els impartia.

Per tant, fills meus, recordeu que no és possible créixer sense l'amor i la distensió. Malauradament, però, la nostra concepció del progrés ha anat canviant amb el pas del temps. Pensem que es tracta de quelcom extern: fer-se ric, comprar força cotxes, cases, propietats i acumular tant com puguem. Aleshores la gent diu: "Quin gran progrés!" Aquesta és la mena de comentari que faríem. Pensem que una persona afortunada és una persona desenvolupada, però es tracta d'una veritable evolució? En la mesura que estem dividits internament, no podem créixer. La majoria dels éssers humans estan dividits, per dins i per fora alhora. Com es pot aconseguir un autèntic desenvolupament en una persona o en una societat sense amor ni unitat?

El veritable creixement es dóna en la unitat que neix de l'amor. La llet que raja del pit de la mare nodreix la criatura i proporciona al seu cos la força i la vitalitat que permeten que els òrgans creixin equilibradament. Però el nadó no tan sols rep la llet quan mama, rep l'escalfor, l'amor i l'afecte de la seva mare en forma de llet. D'una manera semblant, l'amor és la llet que ajuda la societat a créixer com un conjunt. L'amor proporciona la força necessària i la vitalitat que permeten que la societat es desenvolupi sense divisions.

Capítol 7

La mare de l'univers

E ren les cinc de la tarda, Amma era davant de les vaques amb un grup de *brahmacharis*, *brahmacharinis* i visitants. Un *brahmachari* entrava les vaques que estaven lligades a fora. Quan anava a deslligar la darrera vaca, Amma li va dir: "Fill, espera't un moment." Somrient es va atansar a la vaca, es va posar de quatre grapes com un infant, després es va agenollar i començà a beure directament de la mamella de la vaca. La vaca s'estava quieta i tenia una expressió de benaurança a la cara. Mentre la Mare bevia, la mamella s'omplia més i més de llet. Amma tenia un posat dolç i innocent mentre la let li lliscava per les galtes.

Els espectadors d'aquesta escena única van quedar bocabadats i corpresos pensant en la similitud que tenia amb les històries de la infantesa de Sri Krishna. Aquesta vaca havia acumulat molts mèrits per tenir la possibilitat d'alimentar la Mare Universal.

Finalment, la Mare es va aixecar, es va eixugar la cara amb una tovallola i va abraçar afectuosament la vaca. Amma va dir: "Fills meus, aquesta vaca ha estat esperant que la Mare begués la seva llet durant molt de temps. En tenia un fort desig."

Emu, un dels devots, va dir: "Amma tu ets veritablement la Mare de l'Univers. Pots comprendre els pensaments i els sentiments de tota la creació i actuar en conseqüència."

Amma se'n va anar cap a darrere l'estable. El *brahmachari* va deslligar la vaca i, mentre anava entrant-la, la vaca girava el cap tot esguardant la Mare.

Amma digué: "Fills meus, hi hagué una època que tothom, fins i tot els pares d'Amma, s'oposaven a Ella a causa del seu comportament extraordinari i la van abandonar. Quan va passar això, varen ser els animals i els ocells qui se'n van ocupar. Un gos acostumava a dur-li paquets de menjar. A voltes Ella restava dies absorta en un profund samadhi. Quan sortia d'aquest estat, una vaca venia i se li posava al davant, de tal manera que Amma pogués beure directament la llet de la seva mamella. Una àliga tenia el costum de portar peix a Amma, que se'l menjava cru. Fills meus, quan sou un amb la creació, quan el vostre cor és ple d'amor, tota la natura esdevé la vostra amiga i la vostra servidora. És el vostre egoisme i la ment tancada el que us en separa.

Amma era darrere l'estable. Quan es va adonar que la fossa on anava a parar l'orina de les vaques era plena i vessava, va dir : "Amma es sorprèn que cap de vosaltres hagi pres la iniciativa de buidar el dipòsit." Amma va cridar de seguida el *brahmachari* encarregat de les vaques i li va preguntar: "No te n'has adonat, que la fossa és plena? Oi que és la teva feina mantenir l'estable i els seus voltants nets? Fills meus, importa poc el que feu, el que importa és com ho feu. Si no feu la vostra tasca amb amor i devoció, com podreu progressar espiritualment? Amma no vol pas fer grans discursos. Vosaltres heu d'aprendre a fer un treball espontani i voluntari sense que us ho demanin." Després de dir tot això, Ella mateixa començà a buidar el receptacle amb una galleda. Un grup s'avançà, però no s'atrevien a acostar-s'hi per por que Amma estigués enfadada. Ella no va obrir boca. Aleshores van agafar més galledes i van començar a treure l'orina. En uns minuts la fossa va quedar buida. La feina es va acabar. La roba d'Amma era ben bruta però Ella no en va fer cas. Va agafar una escombra i va començar a escombrar els voltants de l'estable. Malgrat els precs dels Seus fills que volien agafar-li l'escombra i fer ells la feina, la Mare continuava escombrant i no va parar fins que va quedar tot net.

Era l'hora dels *bhajans*, Amma es retirà a la seva cambra i en va sortir uns minuts després per tal que tothom pogués assaborir la benaurança del seu cant ple de sentiment.

La por bloqueja l'espontaneïtat

Quan van acabar els *bhajans,* Amma va tenir la gentilesa de respondre algunes qüestions suplementàries. Els devots van tenir la sort de poder sentir el coneixement d'aquesta infinita font de saviesa.

Pregunta: "Amma, l'altre dia vas dir que no es pot estar relaxat i tampoc expressar-se espontàniament si es té por. Quina és la causa de la por?

Amma: "La causa d'aquesta por és pensar què poden opinar els altres de nosaltres. És la por de ser jutjats. El problema rau en el sentiment de separació vers els altres. Mentre existeixi aquesta por, el nostre cor romandrà tancat i un cor tancat no pot expressar-se.

Mireu l'exemple de l'estudiant a qui es demana de recitar un poema davant de tota la classe. S'aprèn el poema a casa seva de memòria, però quan l'ha de recitar davant de la classe li ve la por de ser criticat. La idea de què pensaran els altres alumnes i el mestre si s'equivoca el va paralitzant i, de sobte, oblida tot el que havia après.

Mentre l'estudiant està sol darrere la porta tancada de la seva habitació, està relaxat. Però davant dels altres no pot estar tranquil. El sol pensament que els altres se'l miraran i que el poden jutjar i criticar el bloqueja i li fa perdre l'habilitat d'expressar-se. Per tal que ens puguem expressar lliurement el sentiment de "l'altre" ha de desaparèixer. Hem d'aprendre a estar tan distesos com en la solitud de la nostra cambra.

Només pot sorgir un cant meravellós d'un cantant que s'oblidi de l'audiència i d'ell mateix. Una obra d'art que toqui el cor només pot néixer en un moment que el pintor s'oblidi d'ell mateix i de la resta del món. Per poder desplegar els nostres talents amb plenitud i bellesa cal que "l'altre" desaparegui. El pensament posat en l'altre no deixa que el cor s'expressi lliurement.

Amma coneix un noi molt dotat per al cant. Té una veu meravellosa, però, quan prova de cantar en públic, és incapaç de cantar bé. Es posa a tremolar, a suar, i no li surten les notes. Pobre noi! Per por de ser jutjat, el dominen pensaments com ara: "Com puc cantar davant de tanta gent? Els agradarà el que canto? Cantaré bé? Què pensaran? I aleshores li resulta impossible cantar davant d'un auditori.

Observeu un *Mahatma*. Sempre que vol pot expressar el seu ésser amb encant i bellesa. Res no el condiciona. No té el sentiment de "l'altre" i és intrèpid. Tant és el lloc o el moment, sempre es pot relacionar lliurement amb de la gent. Com és possible? És perquè veu en cada persona el seu propi Ésser. Per a ell només hi ha l'Ésser."

Semblava que Amma parlés d'Ella mateixa. Qui l'observa s'adona aviat amb quina llibertat parla a la gent i amb quina espontaneïtat s'adapta a les diferents situacions com si tot li resultés familiar. Ningú és estrany per a Ella, ni tampoc la gent la veu estranya. Això ens ajuda a obrir-nos-hi i a confiar-li tots els nostres sentiments. Fa que ens hi sentim molt a prop, que la sentim molt nostra. I és ben cert, ningú no pot ser més a prop nostre que la Mare, ja que Ella és el nostre propi Jo més profund. El sentiment de "l'altre" no existeix en Amma. Éssent més enllà de tota por, la Mare pot expressar el seu Ésser en qualsevol situació.

La solitud, plenitud o mancança

Pregunta: "Quina és la diferència entre sentir-se sol i la solitud de la plenitud interior?"

Amma: "La solitud interior us ajuda a relaxar-vos i no té res a veure amb el fet de sentir-se sol, que és el resultat d'estar dominat per pensaments i sentiments. Imagineu-vos que gaudiu d'una vida familiar feliç i que teniu el lloc de treball al costat de casa. Esteu contents de passar molt temps amb la família. De sobte, la vostra empresa us envia un parell d'anys a l'estranger i heu de marxar de seguida. La família no us hi pot acompanyar. Deixeu casa vostra i us instal·leu en un altre país. En arribar-hi, us sentiu molt tristos. Us sembla que perdeu tota la força i l'entusiasme. No feu altra cosa que pensar en la vostra dona i els vostres fills. Patiu la solitud i, com més trobeu a faltar els vostres éssers estimats, més vulnerable esdeveniu. En sentir solitud, us pertorbeu emocionalment i us torneu vulnerables, ja que sou esclaus de la vostra ment. En aquest estat, sou una víctima fàcil de qualsevol situació i, com a conseqüència, perdeu la pau mental. Una persona que se sent sola està agitada i no pot estar en pau ni ser feliç.

Estar sol amb un mateix és una experiència molt profunda que passa per dins i us permet estar contents i en pau en qualsevol situació. Tant si esteu físicament sols com enmig d'una multitud de gent forana en un país llunyà, amb una cultura i un idioma diferents, estareu immensament feliços i sereu espontanis en expressar-vos. Les emocions no poden dominar una persona que ha desenvolupat una plenitud interior d'aquesta mena. Mai no se sent trista ni buida. En aquest estat res no pot estroncar el fluir espontani del seu cor.

Us sentireu sols quan estigueu esclavitzats per la ment, mentre que la plenitud interior és un estat en el qual s'entra quan us convertiu en amos de la ment, quan aneu més enllà de la ment. La soledat és externa, pertany a la ment i al cos. La plenitud és interior, pertany a l'*Atman*. La primera és fruit de l'aferrament, la segona del despreniment. La solitud us porta a un estat d'ombres i tristesa. La soledat com a plenitud porta llum i amor a la vostra vida.

Estar sol no vol dir aïllar-se. Quan estem sols en un lloc bonic i pintoresc, apartats de la multitud, estem aïllats, però en aquesta mena de soledat podem estar agitats si la capacitat d'estar sols o d'aïllament interior encara no s'ha aconseguit.

Us sentireu sols quan estigueu tensos i aïllats. Quan estigueu relaxats, lliures de tota tensió, descobrireu una solitud que és plenitud. Contràriament, la solitud buida tanca el vostre cor, us priva de la possibilitat d'expressar-vos, mentre que la solitud plena us permet d'obrir-vos plenament, d'expressar-vos amb naturalitat i espontaneïtat. El fet de sentir-se sol indica que la persona està lligada al món i als seus objectius, i que encara és esclava dels desitjos. La plenitud en la soledat és el signe d'una ànima lliure de tot desig pels objectes i plaers del món.

Pregunta: "Com podem arribar en aquest estat de soledat interior? Com podem abandonar les nostres pors i els nostres sentiments de separació dels altres?"

Amma: "Això és possible gràcies a la meditació. Per sentir-nos relaxats i arribar a l'estat de solitud perfecte, cal que les interferències del futur i del passat desapareguin. Només existeix el present i ha d'experimentar-se. La meditació és la tècnica per saber com estar en el moment present. Concentrant-nos, per exemple, en una forma, un so o una llum, anem aprenent a estar constantment en aquest estat de plenitud interior i a ser feliços en qualsevol situació.

Reposar content en el propi Ésser, per l'Ésser i per a l'Ésser és el que es coneix com a soledat. Totes les pràctiques espirituals tenen per finalitat permetre d'accedir-hi fixant la nostra ment en un sol objectiu. En realitat, la nostra joia no depèn de cap objecte exterior. Hauríem d'esdevenir independents, no hauríem de dependre de res que no fos el nostre propi Ésser, que és la font de tota joia. Estar en presència d'un Mestre és el més favorable per experimentar aquest estat. No hem de confondre aquesta solitud amb el fet de retirar-se a un lloc tranquil i solitari. Si no heu aconseguit fer el silenci mental no trobareu aquesta solitud interior, malgrat que us retireu a un lloc tranquil, ja sigui una bella espluga a l'Himàlaia o un bosc agradable i aïllat del món. Si la ment està agitada no és possible experimentar la veritable soledat i continueu sent presoners de la ment i la seva negativitat.

Una vegada, tres buscadors espirituals se'n van anar a les muntanyes per fer *sadhana* seriosament. Abans de començar van decidir fer vot de silenci durant tres anys. Aleshores van iniciar una forta austeritat. Un dia, va passar un cavall prop de la seva ermita. Havia transcorregut més d'un any quan, un bon matí, un dels tres homes va dir: "Quin cavall blanc més bonic." Només va dir això. Ningú més va badar boca. Va passar un altre any, i un dia, de sobte, el segon home va dir: "No era un cavall blanc, era negre." Res més. Transcorregué un any més de silenci. En passar l'últim any, la tercera persona va dir: "Ja n'hi ha prou! Me'n vaig d'aquí immediatament! No teniu disciplina i molesteu els altres amb tanta conversa."

Tothom es va posar a riure.

"Fills meus, aquesta solitud només es troba quan la ment resta tranquil·la i silenciosa. Aleshores la flor de la pau i la benaurança es pot obrir. Una vegada que experimenteu aquesta soledat interior, estareu sempre en la benaurança o en la pau, sigueu on sigueu del planeta o en qualsevol altre món o fins i tot a l'infern. Tant li fa que estigueu físicament sols o en el lloc més sorollós del món, sempre estareu joiosos i contents.

Un *Satguru* crea les situacions que us permeten de trobar-vos a vosaltres mateixos en soledat. No ensenya res, però les situacions en la seva presència sorgeixen espontàniament. Això és possible perquè el mestre és l'encarnació d' "el que És." El mestre crea totes les situacions que us permetran de créixer espiritualment. Us ajuda a tancar les finestres i les portes dels sentits. Els sentits són les portes i les finestres a través de les quals us allunyeu del vostre Ésser superior intern. No podeu veure l'*Atman* a través de les portes i finestres dels sentits. En realitat no les necessiteu per veure el vostre Ésser superior.

Imagineu-vos que viviu en un medi ambient meravellós i encantador. Sou a casa vostra i de sobte decidiu contemplar el magnífic paisatge exterior. Obriu la porta i sortiu a passejar o bé resteu a l'interior i mireu el paisatge per la finestra. Però si us voleu mirar a vosaltres mateixos no cal eixir a l'exterior. Podeu tancar la porta i us en podeu allunyar perquè vosaltres sabeu prou bé que no us trobareu a fora, ja que sou a l'interior. Necessiteu els sentits per percebre el món exterior, però no us serveixen per experimentar l'Ésser interior, ja que no es troba en el món exterior. L'*Atman* no es pot veure amb els ulls ni es pot experimentar per mitjà dels sentits, que estan enfocats cap a fora, en direcció contrària a l'Ésser. Si voleu veure el Jo, heu d'esdevenir cecs; us cal tancar les portes i deixar de concentrar-vos en l'exterior, ja que el Jo es troba a l'interior. Una volta hagueu realitzat el vostre veritable Ser, aleshores podreu eixir per les portes dels sentits tant com vulgueu ja que no veureu diversitat: tot s'haurà transformat en una totalitat. Però per tal de viure en aquest estat cal que us torneu cecs a aquest món de pluralitat. Quan sou cecs al món exterior, fins i tot amb els ulls oberts, aleshores l'ull diví interior s'obre i teniu un esguard nou: el tercer ull d'infinit coneixement i infinita saviesa. És el que veieu en els ulls d'un *Mahatma*.

La meditació és la tècnica que us permet de tancar les portes i finestres per tal d'esguardar l'interior i veure l'Ésser. La veritable meditació només es pot experimentar en la presència d'un *Satguru*. Un veritable mestre està en constant meditació malgrat que el veieu moure's físicament. La seva presència és el lloc més propici perquè es produeixi l'expansió del vostre veritable Ésser. En presència seva podreu viure la solitud interior i alliberar-vos de totes les pors i del sentiment de l' "altre".

La Mare va fer una pausa i enmig del silenci de la nit començà a cantar *Nilameghangale*.

Nilameghangale

Oh núvols blaus,
d'on us ve avui aquest atzur?
Potser és la blavor de l'infant Nanda a Vrindavan?

Heu trobat el nen Krishna?
Us ha parlat?
Us ha somrigut?
Us ha embolcallat
amb la carícia del seu esguard?

Kanna us ha dit
quan vindrà a veure'm?
Us ha dit si em rebrà?

*Us ha confiat alguns mots
per apaivagar la meva ment?*

L'esforç personal en la presència del Satguru

En sentir els cants de la Mare, altres residents van sortir de les cabanes i van seure al seu voltant. Es va acabar el cant, Amma es quedà tranquil·lament asseguda mirant el firmament, la lluna i els estels espurnejants. Al cap d'uns moments algú va preguntar:

"Amma, sembla que tot passa naturalment en la presència d'un *Satguru,* sense que haguem de fer cap esforç. Però, no és necessari l'esforç personal per tal que s'obri el tercer ull?"

Amma: "Fills meus, fins i tot l'esforç personal s'esdevé espontàniament en presència d'un mestre, sempre que tingueu una actitud, una fe i una comprensió correctes. La intensitat de les situacions creades pel mestre és tal que el propi esforç es manifesta sense que ho vulguem. De la mateixa manera que una poncelleta esclata en una formosa i perfumada flor, vosaltres també experimentareu que us obriu naturalment i espontàniament en la presència d'un *Satguru.*

De fet, l'esforç personal existeix, però per tal que l'esforç doni els seus fruits, heu de saber el que cal fer i com fer-ho. Només un mestre perfecte us pot concedir aquest coneixement. Nosaltres adquirim aquest coneixement gràcies a la nostra constant associació amb el Mestre i aleshores tot esdevé fàcil. Penseu que cal fer coses per arribar a l'alliberament, però el quid de la qüestió en la relació entre el *guru* i el *sishya* és fer-li saber al deixeble que no ha de fer res, ja que *moksha* (l'alliberament) no és quelcom que us passa o us ve de l'exterior, sinó tot el contrari, és intrínsec en vosaltres, és quelcom que ja sou.

La ment o el passat no són cap problema, el problema és la vostra identificació amb la ment o amb el vostre passat. Els lligams poc intel·ligents, els sentiments de "jo" i "meu", són el problema. Una vegada hagueu après a afluixar els vostres lligams i a ser testimonis, la vostra manera de veure les coses canviarà.

Amma ha sentit una història que vol utilitzar com a exemple: Es cala foc en una fàbrica. L'amo es troba en un estat terrible, plorant i cridant talment com si s'hagués tornat beneit. "Tot crema", s'exclama. "Tota la meva fortuna, tot el que he guanyat amb gran esforç s'ha perdut. Estic arruïnat". Aleshores, un amic se li atansa i li diu: "Per què plores? Per què et desesperes? Que no saps que el teu fill ahir va vendre la fàbrica? No és pas teva!" La fàbrica continua cremant-se, la situació no ha canviat, però l'home para de plorar de cop. El seu turment s'esvaeix, s'eixuga les llàgrimes i somriu alleujat. En aquest moment arriba el seu fill i li diu: "Què hi fas, aquí, plantat? No t'adones que la fàbrica es crema? Per què no fas res per apagar el foc?" El pare respon: "Per què? Que no t'he l'has venuda, la fàbrica?" Aleshores el fill li respon: "No, pare, vam estar a punt de vendre-la ahir, però al final la venda no es va fer." En sentir la notícia, el pare torna a desesperar-se i comença a plorar.

La factoria en flames no és pas la veritable causa del sofriment de l'home. La idea que la fàbrica és seva, després la idea contrària, que no ho és, el fa viure dos estats d'ànim completament diferents. El seu terror i la seva desesperació inicials es transformen en joia i altra vegada en desesperació. La situació exterior no ha canviat, la fàbrica continua cremant-se, el canvi es produeix en ell. Quan sent que la fàbrica ha estat venuda, se'n deslliga i esdevé testimoni del foc de l'edifici. Ara bé, quan rep la notícia contrària, crea un nou aferrament que l'enfonsa en el patiment. Si podeu renunciar als vostres sentiments d'aferrament sempre estareu en calma. Deixeu d'identificar-vos amb el món creat per la vostra ment i un nou món se us obrirà al davant. Potser sou aparentment encara propietaris d'una casa gran, d'un cotxe bonic i d'altres coses però en realitat no teniu res. En no permetre que cap objecte material afecti la vostra vida, n'esdeveniu l'amo.

No us penseu que els vostres records del passat desapareixeran quan arribeu a l'estat de perfecció. Sempre seran presents, però no us hi identificareu. Un cop deixeu d'identificar-vos amb el passat, el passat no és sinó un munt de records. Considereu el passat com un record i no com el lloc on viviu. Si teniu la necessitat d'utilitzar un record, senzillament aneu al passat, agafeu el que vulgueu i marxeu. Nosaltres no hi vivim,en aquell lloc. Això és el que heu d'entendre. No us passeu la vida en el dipòsit de records del passat, perquè aquesta no és casa vostra. Allunyeu-vos-en i viviu en la llum, en l'amor i en la llibertat, que és d'on sou. Aquest és el missatge d'un mestre veritable. L'aprendreu simplement estant en la seva presència. No hi ha cap altre lloc al món on ho pugueu aprendre.

Capítol 8

El treball com a adoració

A quell dia, la feina de construcció de la nova sala d'oració havia començat d'hora. Gairebé tots els residents de l'ashram estaven treballant durament, portant formigó en uns recipients grans de metall que s'anaven passant els uns als altres. Quan feia una estoneta que havien començat, la Mare hi va anar i volgué participar en la feina. Br. Balu (Swami Amritaswarupananda) li pregà que no fes res: "Amma, estem treballant amb ciment, si us plau, no ho facis! Per què t'amoïnes si hi ha tanta gent aquí que pot fer aquesta feina? Amma, aquest material et pot cremar la pell si t'esquitxa."

La Mare respongué: "També pot cremar la teva pell, no només la d'Amma."

Però Balu insistí: "Amma, si us plau, no facis aquesta feina! Ja la farem nosaltres."

La Mare somrigué i va dir: "Fill meu, Amma és feliç fent qualsevol mena de feina. Des de molt joveneta va haver de treballar durament. El seu cos mai no descansava. No t'amoïnis."

Molts altres residents tractaren també de dissuadir la Mare de participar en aquelles tasques. Però ella va fer el sord davant les seves súpliques. Amb un somriure radiant, Amma es va lligar un drap al cap i va començar a treballar al costat dels seus fills. Va aixecar un cubell metàl·lic ple de formigó, el va carregar i se'l va endur.

Tothom estava absort en la feina quan, de sobte, a un *brahmachari* li va relliscar de les mans el recipient ple de formigó, que va caure feixugament a terra. Per sort, el *brahmachari* es va poder tirar enrere a temps perquè no li enxampés els peus, però el ciment es va escampar i en van anar a parar uns petits esquitxos al rostre de La

Mare. El *brahmachari* digué: "Amma, perdona'm si et plau, per la meva manca de *shraddha*." La Mare li somrigué i va dir: "No passa res! Això tan sols és part del joc." La mare es va eixugar la cara amb una tovallola que li havia donat un dels *brahmacharis* i va continuar treballant. Mentre treballava, Amma repetia "*Om Namah Shivaya*" i tothom responia a cor. Després va cantar una altra cançó, *Adiyil parameswariye*.

Adiyil parameswariye

Oh Deessa suprema i primordial,
Mare de l'univers,
Tu ets l'única meta
que tinc en aquest món.

Oh Mare dels ulls magnífics
com els pètals de lotus blau,
Tu que aguantes els tres móns,
Tu que habites en la flor de lotus,
Maia, Oh Encisadora,
Font de tota cosa,
allibera'm del sofriment.

Oh Tu, que ets misericordiosa,
destructora de l'avidesa,
Tu ens fas travessar el món de la transmigració,
et suplico que em protegeixis.
Oh Mare, Tu que ens dones la devoció i l'alliberament,
oh Katyayani, la cèlebre,
m'inclino davant teu.

Oh Deessa de la terra,
ets saviesa i coneixement,
l'únic delit i l'únic aliment
de tota la creació.

Oh tu que compleixes tots els desitjos,
deslliura'm de l'orgull,
viu dintre meu i elimina els meus desitjos.

Amma era dreta sota el sol roent. Un devot va intentar protegir-la amb un para-sol, però Ella va refusar-lo amorosament i se'n va apartar mentre deia: "Com pot Amma acceptar un para-sol mentre els seus fills treballen a ple sol?"

Cada vegada feia més calor. El rostre de la Mare perlejava de suor. Amma havia estat treballant sense parar durant dues hores sense deixar de somriure en cap moment. Es va eixugar la cara amb una tovallola i digué: "Fills meus, quan treballeu mireu de sentir la presència de Déu a tot arreu. Simplement imagineu que els qui estan treballant amb vosaltres són guspires de la Divinitat. Déu està carregant sorra; Déu li passa el formigó a Déu; la feina dels paletes, la gent que barreja el ciment, els recipients metàl·lics, tot és ple de la Consciència divina. Procureu treballar cultivant aquest sentiment. Aleshores no perdreu mai el temps".

La Mare reprengué la feina. En un moment determinat, va posar a terra el recipient metàl·lic i damunt del seu cap només restà el drap embolicat com un turbant ; estava tan bonica que alguns dels residents van parar de treballar un moment per contemplar-la i els seus rostres s'il·luminaren amb un somriure.

Fou aleshores que un grup de joves, devots de la Mare des de feia molt de temps, van arribar per veure-la acompanyats de nous visitants. La mare es va treure el turbant i es dirigí amb el grup cap a la sala de meditació. El *brahmachari* Balu i dos *brahmacharis* més s'uniren al grup per poder sentir com Amma parlava de temes espirituals amb aquells joves, que eren buscadors sincers.

Els joves es postraren davant de la Mare i un d'ells digué: "Amma, sembla que has estat treballant força estona, deus estar cansada."

"Fill meu", respongué Amma, "només se sent el cansament quan en les nostres accions hi manca amor. Si fas les teves accions amb amor, no et sentiràs ni cansat ni avorrit." Després d'una petita conversa lleugera, un dels nois va fer una pregunta a la Mare.

Encara que vosaltres no us ho cregueu, la vostra naturalesa divina roman inalterable

Pregunta: "Amma, l'espiritualitat ens recomana que eliminem l'ego. Però, de què serveix desempallegar-se de l'ego ? Jo crec que és útil, té la seva raó de ser. Aquest món tan bonic existeix gràcies a l'ego. Si en destruir l'ego ha de desaparèixer aquest món, jo m'estimo més aferrar-me al meu ego. Si pogués triar, no el deixaria anar."

Amma: "Fill meu, no es pot forçar ningú a desempallegar-se del seu ego. A ningú li agrada deixar-lo anar, l'ego, tothom el considera un tresor. Això no obstant, una vegada que s'obté l'estat d'absència d'ego el món no desapareix pas. El món no deixa d'existir però en tu es produeix un canvi. Cau un vel i comences a veure totes les coses amb l'admiració i la innocència d'un infant.

Quan realitzes el teu Ésser és com si tot l'univers arribés a la realització, perquè en aquest estat realitzes la naturalesa de l'*Atman*, que ho traspassa tot. Veus i experimentes l'*Atman* a tot arreu. En comprendre que tot està amarat de la Consciència divina també veus que tots els éssers humans són divins, que totes les coses de la creació són divines. L'única diferència és que ets conscient que tant tu com els altres sou una sola cosa amb la Divinitat. Només es tracta de desvelar la veritat.

Fill meu, tant si et desfàs de l'ego com si no, la Divinitat es la teva veritable naturalesa. Res no pot canviar aquesta realitat. Encara que t'entestis a dir "Jo sóc l'ego, el cos, la ment i l'intel·lecte" la realitat no es modificarà. La manca de comprensió no afectarà de cap manera la teva veritable naturalesa. És com dir que la terra no és rodona sinó plana i creure-s'ho. Creus que això pot canviar la forma de la terra? Evidentment que no. De la mateixa manera, tu ets lliure de creure que ets l'ego i que l'ego és real, però malgrat tot continuaràs sent el que ets: l'*Atman*. La teva naturalesa divina no canviarà ni disminuirà encara que tu no hi creguis. Si hom pensa que el foc és fred i el gel és calent, esdevindrà el foc fred i el glaç calent? No. Això és impossible. Passa el mateix amb tu i la teva veritable naturalesa.

Pots dir que la rodonesa de la terra i la fredor del gel i l'escalfor del foc són fets provats, mentre que l'*Atman*, la nostra veritable naturalesa, és una qüestió de fe. Però, fill meu, abans que es demostrés que la terra és rodona això només era una creença basada en la fe, oi? Hi havia diferents opinions entre els científics pel que fa a la forma de la terra; fins i tot, la gent pensava que la terra era plana. Més endavant es va provar que la terra era rodona; però fins aleshores la forma de la terra continuà sent un misteri, una qüestió de fe. Abans que els científics puguin provar res, simplement creuen. Treballen sobre la base d'una certa hipòtesi i quan aquesta hipòtesi ha estat provada per mitjà de l'experimentació afirmen que és certa. Així que tot és una qüestió de fe fins que s'experimenta directament o es demostra científicament.

De la mateixa manera que els científics han provat les seves diverses teories amb el treball que realitzen als laboratoris, els sants i els savis espirituals, després de treballar en els seus laboratoris interiors, han experimentat directament l'Ésser superior, la Realitat fonamental. No es tracta de l'experiència d'una o dues persones en un lloc particular i en un moment concret de la història sinó de l'experiència de tots els qui sobre la terra que han experimentat el seu Ésser. De manera que tu no en pots negar l'autenticitat dient que es tracta d'una creença i que no es basa en els fets."

Només la poncella pot esclatar

"Conserva, si vols, el teu ego i no el deixis anar. Ningú no et forçarà a desempallegar-te'n perquè en aquest terreny la força no funciona.

És com obrir els pètals d'una flor. La poncella s'ha d'obrir naturalment, sense cap força externa. Tan sols el procés natural de florir farà sorgir tota la bellesa i la fragància de la flor. Però si tu t'impacientes i proves d'obrir una flor per força, la flor es morirà. El que farà la força és destruir el procés intern de la florida.

Quan una poncella ha estat tancada molt de temps, sent un anhel intens d'obrir-se, de florir, de sortir i dansar amb goig amb la brisa fresca de l'espai obert. L'etapa de poncella és com una presó. Estar empresonat crea un anhel per la llibertat, crea una set intensa de trencar el captiveri i sortir. Podríem dir que és una llei inevitable que cal estar primer esclavitzat i presoner per conèixer de debò el goig de la llibertat. Només una poncella pot florir. Abans que la flor es badi ha de passar per l'etapa de ser un capoll tancat. L'ànsia d'obrir-se neix de l'estat de poncella.

De la mateixa manera, el teu cor en l'etapa de tancament es coneix com a ego. En algun moment, abans d'obrir-se, pot ser que la poncella pensi "Sóc una poncella i m'agrada estar així. És tan bonic aquest món! Si pogués triar em quedaria aquí. Diuen que hi ha un estat més elevat que és ser una flor, un estat ple de bellesa i de fragància. Parlen dels pètals acolorits i del perfum exquisit que desprenc. Però jo no en sé res, de tot això; estic bastant còmoda i segura tal com sóc. Certament tinc por de canviar."

Tu pots continuar sent el que ets i discutir tant com vulguis, però això no durarà gaire. Ben aviat el capoll començarà a sentir-se incòmode— una miqueta inquiet, amb una certa sensació d'ofec— i aquests sentiments s'intensificaran. A mesura que augmenti la sensació d'ofec també creixerà la set insadollable de sortir i ser lliure i aquest procés gradualment portarà cap a la florida.

En estat de capoll el cor és l'ego. Tu estàs experimentant la mateixa agitació que el capoll: "Aquest món és bonic tal com és. Tinc por que tot desaparegui. Si puc triar, m'estimo més aferrar-me al meu ego." Pots raonar d'aquesta manera, d'acord, però per molt que t'hi barallis, el cert és que ets una flor en potència. Tots i cadascun dels capolls són flors en potència, potser ara són capolls però això no vol dir que no hi sigui la flor latent que espera obrir-se dins de cada poncella tancada. Tu pots ser escèptic i negar-ho, però cap dels teus pensaments pot canviar la veritat. Els teus pensaments i els teus dubtes pertanyen a la ment. No. Certament la veritat no es pot canviar. La Veritat continua essent la Veritat indiscutible i invariable.

En un cert sentit és bo romandre en l'estat de poncella tant com sigui possible, és a dir, en l'etapa de tancament de l'ego, perquè com més temps estiguis en aquestes condicions més ganes tindràs de fugir-ne. Com més temps s'està a la presó, més intens és l'anhel de gaudir de la benaurança de la llibertat. Igualment, com més temps es passa dins de la beina tancada de l'ego, més força s'agafa perquè s'esdevingui el trencament final. Per tant, ja està bé. No t'amoïnis, queda't tancat i continua raonant i discutint tant com vulguis. És un bon senyal perquè significa que t'hi estàs apropant.

Però recorda: ningú no et forçarà a obrir-te, és impossible forçar-te a deixar l'ego. Si la teva tria és aferrar-t'hi, és cosa teva. T'estimes més el món fosc del capoll, t'hi sents còmode. La teva ment s'ha acostumat tant a la foscor que hi ha dins la poncella tancada, que en la teva ignorància creus que dins la foscor hi ha tota la llum que et cal. No saps que la llum tènue que perceps és tan sols la lluentor d'uns minsos raigs de sol que arriben a filtrar-se per les obertures minúscules de la poncella. És com la llum feble que es veu en una masmorra.

És com si haguessis passat tant de temps tancat en una masmorra que has oblidat què és la llum de debò. "Aquesta masmorra ja m'està bé"— et dius a tu mateix. "No hi ha cap llum més brillant que la que tinc aquí. No vull res més." Encara que algú et parlés de la llum brillant del sol que es pot gaudir fora d'aquest cau, diries "No. Això no és cert". Però el sol existeix i la seva llum és real. Com podria deixar d'existir pel sol fet que tu la neguis? El problema és a dins teu, i no té res a veure amb el sol ni amb la seva llum. Has de sortir i experimentar la llum. Però et sents segur dins la masmorra i tens por de sortir-ne. T'amoïna què podria passar si sortissis. La teva preocupació és comprensible perquè no coneixes el que hi ha més enllà de la masmorra. Tal com et trobes ara, la teva única font d'informació són les paraules de la persona que et diu: "Observa, amic meu, a fora hi ha un món meravellós, radiant. Hi ha la llum del sol, muntanyes i valls esplèndides, rius guspirejants, arbres florits, pots observar-ho tot, i també la lluna i l'atzur ple d'estrelles brillants. Vine amb mi. Jo sé tot això perquè hi visc. Vine, amic meu, jo t'ajudaré a ser lliure." Tu només has de confiar-hi i creure les paraules que et diu. Lliura-t'hi i fes algunes passes coratjoses per poder saber de què t'està parlant. L'amic et diu: "No ets gens lliure; estàs empresonat, lligat amb cadenes. Segueix-me i et mostraré el camí que mena a la llibertat. Agafa la meva mà i jo t'hi portaré."

No passarà res si tu t'hi resisteixes i continues afirmant "No. No és cert, aquesta masmorra és el món més bonic que existeix. Jo m'estimo més ser aquí. Aquesta llum és l'única llum i per a mi no existeixen ni el sol ni la lluna ni les estrelles."

No obstant, tard o d'hora la mateixa presó acabarà creant dins teu una ànsia instintiva d'experimentar la benaurança de la llibertat. Tots els éssers humans, conscientment o inconscient, tenen el desig de ser lliures i de viure en pau en qualsevol circumstància. Per tant, en algun moment s'haurà de produir el trencament.

La beina autocreada de l'ego s'ha de trencar per tal que el cor pugui expressar-se plenament.

Però l'ego només es pot trencar per mitjà del dolor de l'amor. De la mateixa manera que el brot sorgeix quan esclata la beina externa de la llavor, així es desplega l'*Atman* quan l'ego s'esquerda i desapareix. Quan es crea una atmosfera favorable, l'arbre en potència que viu dins la llavor comença a sentir-se incòmode tancat dins la beina. Anhela sortir a la llum i ser lliure. És l'anhel intens de l'arbre latent a l'interior el que esquinça la beina. Aquest esquinçament de la beina exterior fa mal, però aquest dolor no és res comparat amb la glòria de l'arbre manifestat. Un cop emergeix el brot, la llavor esdevé insignificant. De la mateixa manera, un cop s'arriba a l'Autorealització, l'ego perd tota la seva importància. Fill meu, si tu creus que l'ego és tan valuós, pots conservar-lo. Però ja t'arribarà el moment. El teu cor tancat, el teu ego, no pot romandre tancat per sempre, s'ha d'obrir. Tanmateix, no es pot fer servir cap mena de força perquè aquesta obertura s'esdevingui.

No et pensis que el món deixarà d'existir quan tu et quedis sense ego, és a dir, un cop el capoll de l'ego s'hagi transformat en la flor de l'Autorealització. El món continuarà sent com és. Però tu el veuràs diferent. S'obrirà un món mou davant teu: un món de meravelles i bellesa celestial es mostrarà dins teu.

Dins del capoll de l'ego hi ha foscor i estretor. Quan el capoll desapareix i emergeix la flor, tot es torna bonic i impregnat de la llum més gloriosa. Surts de la foscor per entrar a la llum radiant, surts de l'empresonament a la llibertat, de la ignorància al veritable coneixement. El món de diversitat es transforma en perfecta unitat. I això passa dins teu, no pas externament."

N'hi ha prou amb la presència d'un Mestre Veritable

Pregunta: "Amma, Tu dius que l'esclat no es pot forçar. Què fa, doncs, el mestre, perquè es produeixi l'obertura?

Amma: "Un veritable mestre és una presència, la presència de la Consciència divina. No fa res. En presència del mestre senzillament tot passa, sense cap esforç. Només hi ha esforç quan hi ha ego. Un mestre veritable no té pas ego. Per tant, no fa cap esforç. Fins i tot les situacions que permeten al buscador submergir-se en la pròpia consciència sorgeixen de la presència del mestre. Senzillament, és així i no pot ser de cap més manera. El sol no fa cap esforç per produir la seva llum, i no obstant això, no pot fer altra cosa que brillar. Una flor no fa cap esforç per fer olor, fer olor és part de la seva naturalesa. Un riu no fa cap esforç per fluir, senzillament flueix. Tot és natural. Els éssers humans creen objectes artificials, però la natura només pot ser natural. Igualment, el mestre perfecte no fa res en particular per crear una situació que afavoreixi el vostre progrés. La seva presència fa que succeeixi de forma espontània allò que cal. No hi ha esforç per part del mestre. La seva presència és l'atmosfera més favorable perquè el vostre cor s'obri. És així. El sol no fa res en particular perquè s'obri una flor de lotus. Simplement brilla en el cel, i n'hi ha prou que existeixi perquè tots els lotus dels estanys i els llacs de la terra s'obrin. El sol no fa res. En te prou amb brillar. Així, la presència d'un *Satguru* és com el sol radiant que fa que s'obri el lotus del nostre cor. No és pas qüestió de força. La seva presència infinitament amorosa i compassiva té el poder de fondre la roca de l'ego. L'ego es desfà i es crea un corrent d'amor suprem. El mestre no fa res.

Sota la calor del sol es fonen blocs de gel enormes. Les masses de gel als cims de l'Himàlaia es fonen i baixen corrents fins a les valls. Es transformen en rius i rierols on la gent pot beure i banyar-se. La presència del satguru fàcilment pot fondre els nostres egos durs com la roca i pot crear un meravellós torrent d'amor universal i compassió.

La presència del mestre no implica cap esforç. Simplement hi és. En la seva divina presència tot s'esdevé espontàniament. La terra no ens imposa res, ni tampoc ho fa el sol, ni la lluna ni els estels, ni cap cosa dins la natura. Senzillament tot existeix. Només els éssers humans egoistes proven d'imposar-se coses els uns als altres.

En la mesura que estigueu identificats amb el vostre cos, provareu de forçar les coses; però una vegada que aneu més enllà del cos no es pot forçar res. Quan es va més enllà del cos, quan ja no existeix el cos, vol dir que ja no hi ha ego. Aleshores fer servir la força esdevé impossible.

A la terra hi passen tantes coses gràcies a la presència del sol en el cel! El sol és la font de l'energia necessària perquè existeixi la creació.

Sense els raigs del sol no podrien existir ni els éssers humans ni els animals ni les plantes. Però el sol no força res ni ningú. El sol és, i simplement la seva existència fa que tot s'esdevingui. Passa el mateix amb un *Satguru*. El sol que veiem en el cel és tan sols una petita manifestació de la Consciència infinita. El poder del sol és tan sols una minúscula fracció de l'energia còsmica. Però el mestre és *Purnam* (el Tot). És la mateixa Consciència infinita. Tot el que cal als éssers humans per evolucionar es produeix en la seva presència. No li cal pas fer servir la força.

Un mestre perfecte és la totalitat de la vida manifestada en una forma humana. En presència seva experimenteu la vida en tota la seva intensitat i vibració."

Tothom escoltava meravellat i atent les paraules de la Mare, com si la font de coneixement ragés de la deu mateixa, com si el Ganges sagrat baixés dels cims de l'Himàlaia cap a les valls i permetés a cada persona banyar-se en les seves dolces i beneïdes aigües. Els qui escoltaven, contemplant el rostre radiant d'Amma, de mica en mica van anar entrant en meditació profunda. Van recuperar la consciència del que els envoltava més tard, quan Amma començà a cantar una cançó, Kodanukoti, la qual cosa va crear onades de beatitud i amor suprem.

Kodanukoti

Oh! Veritat eterna,
fa milions d'anys
que la humanitat Et cerca.

Els antics savis renunciaren a tot
per fondre's en el teu corrent diví.
Meditaren
i es lliuraren a austeritats inacabables.

La teva flama infinita,
a tots inaccessible,

lluu amb l'esclat del sol;
resta perfectament immòbil
en la fúria de la tempesta del cicló.
Les flors i les plantes,
els santuaris i els temples
amb els seus pilars sagrats santificats,
fa eons que T'esperen,
i, malgrat tot, restes inaccessible.

Amma es va quedar una estona en silenci mirant el cel i després continuà la seva conversa dolça i profunda.

L'amor només pot existir quan no hi ha força

La veritable vida, l'existència real i significativa, gairebé ha desaparegut de la terra. Els éssers humans i tota la societat s'han tornat mecànics i sense sentiments. A tot arreu es veu negoci i competència. Fins i tot a les famílies, on hi hauria d'haver una atmosfera d'amor profund i s'hauria de viure la vida amb plenitud. L'ésser humà, amb el seu egoisme i la seva cobdícia, i amb la seva manca d'amor i compassió, s'ha tornat una màquina sense cor avesada a forçar i imposar.

A la ment mecànica dels humans li agrada fer servir la força. Hem crescut acostumats a l'egoisme, a la competència, a l'enuig, l'odi, la gelosia i la guerra. La nostra familiaritat amb l'amor només és superficial. Estem més avesats a les tendències negatives i no sabem fer altra cosa que imposar i forçar. Però la força no deixa que l'amor es desenvolupi.

Només la ira i l'odi poden forçar. Agafeu la guerra com a exemple. La guerra és una manera extrema d'utilitzar la força; és la suma total de la ira, l'odi, la revenja i tots els sentiments negatius d'una població. Quan la ment col·lectiva d'un país entra en erupció, com un volcà, ho anomenem guerra. Els països en guerra s'imposen mútuament idees i condicions.

L'amor no pot imposar res per força, perquè l'amor és la presència de la pura Consciència. I aquesta presència no pot forçar res, simplement és. L'amor real s'experimenta quan no hi ha condicions. Posar condicions vol dir forçar. Però no es pot forçar res on hi ha amor. Només existeixen condicions on existeix divisió. La força s'utilitza quan hi ha dualitat, quan hi ha un sentiment de "tu" i "jo". Es fa servir la força perquè es percep que l'altre és diferent de mi. Però no hi ha lloc per a la força quan només existeix l'U. La mateixa idea de força desapareix en aquest estat. Aleshores simplement som. La força vital universal flueix a través vostre; esdevenim un passatge obert. Permeteu que la Consciència suprema es faci càrrec de vosaltres, desempallegueu-vos de tot el que suposa un obstacle perquè el corrent flueixi, elimineu l'entrebanc creat per vosaltres mateixos i permeteu d'aquesta manera que el riu d'amor, que ho abraça tot, segueixi el seu curs.

Com el sol que lluu i el vent que sempre bufa

És com si haguéssiu estat tancats en una habitació durant molt de temps i ara, a la fi, n'obríssiu totes les portes i finestres. Us heu estat lamentant, dient: "Per què no brilla el sol en aquesta cambra? I per què no hi ha ni un bri d'aire?" Però ara enteneu què obstruïa l'aire i la claror. El sol ha brillat cada dia, el vent no ha parat de bufar. Mai no s'han aturat. Asseguts a la cambra, amb les portes i les finestres tancades, us lamentàveu que el sol i l'aire no us arribaven, però ara us adoneu que el problema era dins vostre i no pas en el sol o el vent. Per tant, obriu les portes i les finestres i permeteu que entrin la brisa i la claror.

Quan us obriu, us adonareu que el sol sempre ha estat brillant i que el vent sempre ha bufat mentre transportava la dolça aroma de la Divinitat. No hi ha condicions i no es fa servir la força. Senzillament, ara permeteu que s'obri la porta del vostre cor, una porta que mai no ha estat tancada. Sempre ha estat oberta però la vostra ignorància us feia creure que era tancada.

L'expressió comuna és: "T'estimo." Fóra millor dir: "Jo sóc l'amor, sóc l'encarnació de l'amor pur." Traieu el "jo" i el "tu", i trobareu que només hi ha amor. És com si l'amor estigués empresonat entre el "jo" i el "tu". Traieu el "jo" i el "tu" perquè són irreals; són murs autoimposats que no existeixen. L'abisme entre el "jo" i el "tu" és l'ego. Quan s'elimina l'ego, la distància desapareix i el "jo" i el "tu" també desapareixen. Ambdós es fonen per fer-se un, i això és amor. Vosaltres doneu realitat al "jo" i el "tu". Si els aparteu desapareixeran i aleshores sabreu que no és "t'estimo" sinó "jo sóc aquest l'amor universal."

Fills meus, sempre que estigueu passant per un moment difícil a la vida penseu: "No espero l'amor dels altres, perquè no el necessito. Jo sóc l'amor. Jo sóc una font inexhaurible d'amor que continuarà donant per sempre amor i només amor a tots els qui se m'apropin."

La presència d'un Mestre perfecte és la presència de l'amor diví, que no pot emprar la força; simplement hi és per al nostre bé. Si fins i tot l'amor ordinari no es pot forçar, com podria es podria forçar l'amor diví, que és més enllà de tots els límits?

Quan dues persones s'enamoren, no estableixen pas les condicions de la seva relació abans d'estimar-se. Si hi hagués un intercanvi d'aquesta mena no podria haver-hi amor. Quan els enamorats es veuen, els seus cors vessen espontàniament i se senten irresistiblement atrets l'un vers l'altre. No hi ha cap esforç, cap força, ni paraules ni condicions. L'amor neix quan no es força res, quan s'està totalment present sense cap sentiment de "meu" o "meva" que bloquegi el corrent d'amor. Qualsevol ús de la força, per mínim que sigui, destrueix la bellesa de l'amor i no permet que l'amor neixi.

Capítol 9

Sentiu el dolor dels qui pateixen

Un matí, durant el *darshan*, una devota d'aspecte pobre va demanar a la Mare amb llàgrimes als ulls : "Una epidèmia terrible està matant tot l'aviram de la meva vila i les meves gallines han agafat la malaltia. Amma, si et plau, salva-les!" A un *brahmachari* que estava assegut al costat de la Mare no li va agradar gaire aquest prec. Va pensar"Quina queixa més beneita! Amb tanta gent que hi ha avui, mira que entretenir Amma amb queixes tan banals!"

Just en el moment que aquest pensament li va passar pel cap, Amma, que estava ocupada consolant la dona, li digué, mentre li llançava una mirada molt seriosa: "Aprèn a comprendre les afliccions i els sentiments dels altres". El *brahmachari* es va quedar pàl·lid i perplex en veure que la Mare podia detectar instantàniament el seu error i llegir els seus pensaments.

A la seva manera, espontània i afectuosa, la Mare va consolar la devota. Li va donar cendra sagrada per guarir les seves gallines malaltes. La dona va somriure alleujada i, havent rebut el *darshan* de la Mare, va sortir feliç de la cabana. Quan la dona va ser fora, Amma es va girar cap al *brahmachari* i li digué: "Fill meu, tu no pots comprendre el sofriment d'aquesta dona. En saps alguna cosa de les penes i treballs que sofreix la gent en aquest món? Si en tinguessis idea mai no hauries considerat insignificant el seu plany. No has conegut les penes de la vida. Únicament si experimentes el sofriment podràs copsar la preocupació d'aquesta filla per les seves gallines. La seva única forma de guanyar-se el pa és vendre's els ous de les gallines. Si es moren, la seva família no tindrà res per menjar. Aquest aviram ho és tot, per a ella, tota la seva fortuna. Quan Amma pensa en la vida difícil d'aquesta dona, les seves inquietuds no li semblen pas insignificants. Amb una mica de diners que pot estalviar amb la venda d'ous ve a veure Amma una o dues vagades al mes. Com que Amma coneix les seves dificultats econòmiques, de vegades l'Ashram li paga el bitllet de l'autobús. La seva vida és dura, però mira la seva entrega i amor per Amma. Observa la seva simplicitat i la seva innocència i intenta aprendre'n alguna cosa. Quan Amma pensa en la gent com ella, el seu cor es fon i li costa no plorar. Els qui sempre han tingut menjar en abundància no comprenen la gana que passen les persones afamades.

Has de saber, fill, que en aquest món hi ha tres classes de persones: els qui no tenen res, els que van fent la viu-viu i finalment els qui tenen més del que necessiten. Si els de la tercera categoria no fan res per ajudar els de les altres dues, aleshores Amma dirà que els qui se suposa que són rics són els més pobres dels pobres. Els que tenen més del que necessiten haurien de tenir ulls per veure el sofriment dels altres, orelles per escoltar-ne les crides angoixades d'auxili. Fills meus, escolteu els clams desesperats! Cap sofriment és insignificant. Per poder escoltar realment les paraules de dolor dels altres us cal un cor comprensiu, un cor que us permeti de veure i sentir el sofriment dels altres com a propi. Esforceu-vos per connectar amb el seu nivell i per sentir la vibració de llurs cors adolorits. Si no en sou capaços, llavors totes les pràctiques espirituals que feu són en va."

En sentir les fortes paraules de la Mare, el *brahmachari* va sentir-se ple de remordiment. Amb llàgrimes als ulls, va demanar perdó per l'error que havia comès.

Des de l'inici del *dharshan*, hi havia un jove que mirava molt intensament Amma. Venia de Nagpour, on treballava com a professor a la universitat. El dia que havia arribat a l'Ashram anava de pressa i va dir: "Voldria rebre el *darshan* de la Mare i anar-me'n de seguida perquè tinc coses molt urgents a fer a Nagpour", però havien passat molts dies i encara era a l'Ashram. La Mare digué als altres devots: "Cada dia ve i li diu a Amma que se'n va i Amma li dóna permís per marxar. Amma li diu: "D'acord, fill, vés-te'n i ja tornaràs", però encara és aquí.

El jove, que no entenia el malayalam no va comprendre pas el que deia la Mare, però com que tothom se'l mirava va entendre que anava per ell. Un devot s'apropà i va traduir les paraules d'Amma. El jove respongué: "No me'n vaig i així ja no cal que marxi i torni". La Mare va respondre tot rient: "Però Amma també sap com fer-ho perquè te'n vagis".

Aquest comentari va fer riure a tothom.

Mentre el *dharshan* continuava, els *brahmacharis* van cantar *Prema prabho lasini*.

Prema prabho lasini

Oh Deessa!
Tu que gaudeixes de beatitud immortal,
Tu que et delectes en l'esclat d'amor,
Tu que somrius amb un somriure florit
que irradia la llum de la beatitud...

Tu ets Aquella que amb les ones del riu
de la beatitud immortal,
acarona tots els qui cerquen el camí
de la vida sense por del pecat.

Els teus peus de lotus, impregnats de llum de l'Ésser suprem,
atorguen bons auspicis
en destruir el captiveri de l'esdevenidor.

Tu, a qui el meu cor venera, davant de qui m'inclino,
il·lumina'm amb aquesta llum indestructible
per tal que pugui fondre'm amb l'ànima universal.

El sentiment d'estar encadenat

Un *brahmachari* va preguntar: "Amma, les Escriptures diuen que el sentiment de "meu" i "teu" és irreal, que nosaltres construïm un mur que de fet no existeix i som nosaltres que el fem real. Si és irreal i si tot és u, per què sentim la diferència?"

La Mare: "És la ignorància de la teva unitat amb la Totalitat la causa d'aquest sentiment de diferència. De fet, no hi ha cadenes que et lliguin, ni cap mur que et separi de la naturalesa divina. El mur o les cadenes són les il·lusions creades per la ment. Elimina la il·lusió i la ment també desapareixerà de cop.

Hi havia una vegada un rabadà que cada matí portava les vaques al prat i al vespre les tornava a l'estable. Abans de marxar lligava cada vaca al seu pal. Una nit es va adonar que una vaca no tenia corda. El minyó no sabia què fer. No la podia deixar lliure, perquè ben segur que se n'aniria i es perdria. Per altra banda, era massa tard per anar a cercar una corda. El xicot va anar a veure el pastor responsable per demanar-li consell i el pastor li digué: "No t'amoïnis. Fes veure que la lligues. Assegura't que et vegi i amb això n'hi haurà prou perquè no es mogui en tota la nit."

El rabadà va tornar a l'estable i va fer el que li havien dit. Va fer veure que lligava la vaca al pal. En tornar l'endemà al matí va observar que la vaca no s'havia mogut en tota la nit. Va deslligar totes les vaques com cada dia i les va menar cap al prat; aleshores es va adonar que la vaca sense corda no es movia. S'esforçava per tal que s'ajuntés amb el ramat, però ella continuava ajaçada al costat del seu pal. Perplex, va tornar a veure el pastor responsable. El pastor se l'escoltà i somrigué: "La vaca es pensa que encara està fermada al pal. Ahir vas fer veure que la lligaves, i aquest matí has deslligat totes les vaques menys aquesta. Has pensat que no calia, perquè no hi havia cap corda, però a causa de la teva acció d'ahir vespre la vaca es pensa que està lligada. Cal que tornis a l'estable i facis veure que la deslligues." El xicot va fer-ho tal com li deia el pastor. La vaca es va aixecar i es va afanyar a aplegar-se amb la ramada. Nosaltres ens trobem en una situació semblant, creem les nostres cadenes, el mur de separació. Ha estat una creació de l'ego, i l'ego també és irreal, és una il·lusió sense existència pròpia. Sembla real, pel poder que deriva de l'*Atman*. És animat per l'*Atman*. L'ego és com matèria morta, ja que sense l'Ésser és mort. Deixeu de donar importància a l'ego. Heu d'aprendre a ignorar-lo. Aleshores es retirarà i desapareixerà. Nosaltres som els qui fem una realitat d'una irrealitat egòtica. Si us n'adoneu, desapareixerà.

Amma coneix un home que va romandre molt de temps encadenat. Estava boig i va passar un temps a l'hospital psiquiàtric. Finalment el van portar a casa seva, però van haver de tancar-lo en una habitació amb les mans lligades a l'esquena. Les mans les duia lligades perquè de cop i volta es tornava violent i atacava a tothom. Al cap d'uns anys de tractament, es va recuperar. Avui encara posa les mans darrere l'esquena com si les portés lligades. Quan Amma el va trobar, l'home li va dir que després de molt de temps encara tenia la sensació de tenir les mans lligades a l'esquena. Si algú li oferia una tassa de te, o bé havia de menjar, a la seva ment li costava molt de fer moure les mans. Li calen uns segons per recordar que té les mans lliures. Els altres a voltes li n'han de fer memòria. L'home té les mans lliures però cal que li ho recordin. No les té pas empresonades; tan sols es tracta d'una creació mental.

Passa el mateix amb nosaltres. Mentre tenim el sentiment de captivitat, ens cal l'ajut d'un mestre que ens ensenyi el camí i ens digui: "Fixat'hi. No ets pas un presoner. Ets l'*Atman* totpoderós, l'Ésser superior. Surt de la il·lusió i elevat cap al cel de la Consciència suprema." El mestre fa veure que deslliga la corda que us encadena als objectes i plaers d'aquest món. Un cop s'esvaeix la il·lusió, us adoneu que sempre heu estat en aquesta Consciència i que mai n'heu sortit.

Les instruccions d'un *Satguru* i la seva presència són la llum que us guia en el camí. La seva presència us fa veure la vostra creació: el mur de l'ego. En comprendre la natura il·lusòria de les vostres cadenes, us en podeu alliberar sense dificultat. Són una creació de la comprensió equivocada de la relació amb els altres, amb el món i amb els objectes.

Unitat, i no pas relació

Pregunta: "Amma, vols dir que les relacions causen la nostra submissió?"

Amma: "I tant, una relació crea un lligam, si no hi ha la comprensió i el discerniment necessaris. La veritat és que una relació només pot existir mentre es viu la percepció que hi ha dos éssers. Un cop s'ha realitzat l'Ésser, s'ha acabat la relació perquè tots dos desapareixen i resta únicament la unitat, i una llibertat absoluta. Quan el sentiment de dualitat s'esvaeix, tota la relació desapareix. Dues persones, dues famílies o dues nacions poden tenir una relació, però quan tot és u, això no és possible. Aleshores només hi ha l'U, una consciència que ho engloba tot. Les relacions us emboliquen, mentre que una perfecta consciència de l'Ésser us allibera de tot aferrament. En una relació sou com un ocell engabiat. La realització de l'Ésser us fa sortir de l'ego i us allibera.

El cos i les seves diferents parts, si bé semblen diferents, de fet són una sola cosa, formen una unitat. Les mans, les cames, els ulls, el nas, les orelles i tots els òrgans interns formen part d'un tot. El cos és una unitat, no una relació. El brancatge, les fulles, les flors i els fruits d'un arbre són també diferents parts de l'arbre. No podem pas considerar que això sigui una relació.

Quan la presó de l'ego, la nostra creació, és destruïda, podem constatar que la naturalesa dualista del món és tan sols una aparença i que en essència només existeix el Tot. L'U.

Donem massa importància al món exterior i ignorem el món interior. Això fa créixer la densitat de la nostra ignorància. Si posem l'accent en la relació amb el món exterior i negligim el món interior, el fossar que ens separa del nostre veritable Ésser es fa més profund.

Amma va interrompre l'explicació i demanà als *brahmacharis* que cantessin. Van cantar *Sukhamenni Tirayunna.*

Sukhameni Tirayunna

Tu que cerques la bondat arreu,
com la trobaràs
sense renunciar a la teva vanitat?

Fins que la Mare de l'Univers
plena de compassió
no brilli en el teu cor,
com podràs ser feliç?

La ment que no vibra de devoció per Shakti,
el poder suprem,
és com una flor sense perfum,
una flor que serà forçada
a fer voltes plena d'aflicció
com una fulla moguda
per les ones d'un oceà esverat.

No et deixis pas atrapar
per les urpes del voltor anomenat destí.
Adora l'Ésser en la solitud,
renuncia al fruit de les teves accions,
adora la forma de l'Ésser universal
en la flor del teu cor.

No culpeu les circumstàncies

En acabar el cant, Amma va continuar el seu ensenyament:
"La tendència natural dels éssers humans és culpar les situacions de la vida. No parem de plànyer-nos de les circumstàncies abocant en el món la responsabilitat de les nostres penes, pors i sofriments.

Aquest hàbit d'autocompadir-se i criticar el món exterior ens porta a la ignorància del nostre veritable ésser (*l'Atman*). *L'Atman* és més enllà de tota limitació i res del que ens passi, tant si es bo com dolent, no el pot afectar. Un home es passejava per una plantació de mangos. De sobte, un mango podrit va caure damunt del seu cap pelat. Tot el cap li va quedar ple de suc de mango pudent, que li rajava galtes avall. L'home es posà furiós i començà a maleir el mango, l'arbre dels mangos i també l'ocell que havia picat amb el bec la fruita i l'havia feta caure, fins i tot va maleir la força de la gravetat! No és de beneit, fer això? És ridícul. Però mirat des d'un nivell superior de consciència és exactament el que fem.

Si examinem l'exemple anterior i hi reflexionem, veurem ben clarament que no podem culpar la situació. Oi que és absurd, culpar la llei de la gravetat? O l'arbre, o l'ocell? Com podria canviar la llei de la gravetat? Podrit o no, un mango no pot caure cap amunt. Ha de caure a terra, per la llei de la natura. Quan un mango madura cau tot sol, o potser cau perquè el pica un ocell. Ningú no ho criticaria, per poca intel·ligència que tingui. Veure la situació d'aquesta manera seria un error. Si ens adonem d'aquest fet de manera més profunda i subtil i aprenem a acceptar les situacions que ens porta la vida per comptes de lluitar i resistir-nos-hi, descobrim que la vida és summament bonica.

No culpeu ni les circumstàncies ni els altres. Supereu les pròpies febleses. Els vostres fracassos, els vostres sentiments ferits, les vostres pors i els vostres disgustos provenen d'alguna debilitat vostra i aquesta feblesa s'anomena ignorància. Us identifiqueu amb els vostres pensaments, que es fonamenten en una concepció totalment errònia de la vida.

La història següent us ajudarà a entendre la naturalesa il·lusòria del món. Després d'haver fet el *rajasuya yagna* (el sacrifici reial vèdic), els Pandaves invitaren el seu cosí Duryodhana i els seus germans a passar uns dies a Indraprastha, que era la seva residència oficial. Van acceptar d'anar-hi. Visitaren un magnífic palau dissenyat amb molt d'enginy. El terra d'una de les sales era tan polit i transparent que semblava un petit llac amb onades brillants. Duryodhava i els seus germans es van despullar amb la intenció de travessar el llac nedant. En veure-ho, Bhima i Draupadi es van posar a riure, ja que no hi havia ni llac ni aigua.

En un altre palau, el terra semblava ferm i van començar a caminar-hi sense vacil·lar. Però en realitat hi havia un llac, tot i que no es veia. Els germans hi van caure enmig d'un gran xipolleig i van quedar ben xops. El disseny era tan ben fet que Duryodhana i els seus germens es van confondre.

Vegeu això com una imatge del món. El Creador ha dissenyat i decorat el món amb tan d'art que si no parem atenció se'ns emporta la il·lusió. Cal estar alerta a cada pas.

Certes situacions o experiències, certs llocs ens semblen normals, inofensius i fins i tot meravellosos. Ara bé,cal ser prudents i examinar-los amb atenció perquè el que es veu és la superfície, potser només és una aparença, la bellesa i l'encant de la qual són superficials. Darrera l'embolcall ben guarnit potser hi ha un perill. Altres llocs, situacions o experiències tal vegada us semblaran perillosos. Aleshores prendreu precaucions. Però es pot tractar d'una experiència normal o fins i tot beneficiosa. Aquestes coses passen, a la vida. Ens deixem enganyar mil vegades i no aprenem la lliçó. Malgrat les innombrables decepcions, la gent continua corrent darrere de tota classe de coses. És l'extraordinari poder de *maia*.

El problema no és pas el món. El problema és en nosaltres. Sigueu diligents i veureu les coses més clares. L'atenció us proporciona una ment i uns ulls més penetrants per evitar l'engany. De mica en mica, aquesta actitud us acostarà a la vostra veritable naturalesa, a la beatitud de l'*Atman*.

La nostra veritable naturalesa és la felicitat, no pas el sofriment. Però ens ha passat alguna cosa. Tot ha estat tergiversat. La felicitat esdevé un estat "estrany" mentre que el sofriment és considerat normal.

Hi ha un vell músic que ve sovint a l'Ashram, un home feliç que sempre riu i sempre està disposat a fer broma i a parlar lliurement amb tothom. Sempre se'l veu joiós. En veure'l tan feliç, alguns el prenen per un beneitó. Amma el coneix bé. És completament normal i té un gran cor, però la seva joia es fa estranya als altres. Si algú és feliç, fa sospitar i es vol conèixer l'origen de la seva joia, com si no fos natural. Per contra, les persones tristes són considerades ben normals. És per això que Amma diu que tot està capgirat. Quina llàstima! La joia i l'harmonia són la nostra veritable essència i nosaltres creiem que la joia no és natural i que l'estat normal de les persones és el sofriment i la tristesa."

El *darshan* s'acabava. Els *brahmacharis* van cantar un altre *bhajan*, *Asa nasi katora*.

Asa nasi katora

Oh ment meva,
ets un port ple de desitjos,
on les onades van i vénen sense parar.
Para atenció, no t'ofeguis
en el profund oceà del dolor.
Fes l'Arati davant de l'Atman;
que la teva atenció esguardi tan sols l'Ésser.

Alerta,
si continues així
acabaràs enfonsant-te
ple de remordiments.

Si anheles la beatitud eterna,
si desitges l'alliberament,
aleshores medita,

oh ment meva, medita en el teu origen.
Medita en l'oceà de benaurança interior,
renuncia als teus aspectes diabòlics
i segueix les ensenyances dels textos sagrats.

Capítol 10

Un contacte guaridor

Hi havia un jove assegut a la galeria del temple vell, amb el cap repenjat als genolls. La Mare va passar caminant en aquell moment i, en veure'l assegut d'aquella manera, s'hi va apropar. El jove, que estava absort en els seus pensaments, no es va adonar de la Seva presència. Amma li va donar uns copets afectuosos a l'espatlla i li digué: "Fill meu". El jove va aixecar el cap i es va impressionar en veure la Mare Divina dreta davant seu. La seva mirada reflectia un profund sofriment. Amma li somrigué, li tocà el pit i li va dir: "La ira. La ira és un verí. L'hauries de controlar". Les paraules d'Amma li causaren un fort impacte, es tapà el rostre amb les mans i es va posar a plorar. Amma se'l mirava i es va deixar endur pel seu afecte maternal. Dolçament, va repenjar sobre la seva espatlla el cap d'aquell home i l'acaronà mentre li deia: "Fill meu, no et preocupis. Tot s'arreglarà. Amma se'n farà càrrec."

Aquest home tenia molt mal caràcter, i aquell dia havia tingut una topada forta amb la seva esposa. Els seus pares hi havien intervingut i donaren la raó a l'esposa perquè la consideraven víctima dels seus atacs freqüents. La intervenció dels pares havia fet augmentar el seu enuig. Els va escridassar i fins i tot els va faltar al respecte. No es tractava d'un incident aïllat. Aquesta mena d'escenes eren força freqüents a casa seva perquè no era capaç de dominar la ira. Es penedia constantment dels seus errors i demanava perdó a la seva dona i als seus pares. Però tornava a caure una vegada rere l'altra en aquells estats de còlera. Finalment, després de l'incident d'aquell dia, els seus veïns, que eren devots de la Mare, li aconsellaren que l'anés a veure. Per això en aquell moment era a l'Ashram. Ara és una persona totalment diferent. El mateix home que era un terror per a la seva família a causa de la ira incontrolable, ara és un espòs, pare i fill amorós. Tota la família visita Amma per demanar-li les seves benediccions almenys un cop a la setmana.

L'home va explicar: "Després que la Mare em toqués el pit vaig sentir que el meu cor s'havia alliberat d'un gran pes. Aquest contacte em va llevar de dins el verí de la ira. Abans, la meva vida familiar havia estat un malson. Ara, per la gràcia d'Amma, la meva llar s'ha transformat en un sojorn de pau i felicitat. Tota la meva família s'ha fet devota de la Mare."

Han passat innombrables incidents com aquest al costat de la Mare. Milions de vides s'han transformat per la seva gràcia. Per bé que Amma és una gran transformadora de vides i una guaridora de cors, continua sent un exemple meravellós de total humilitat i simplicitat.

Com superar la por

Cap a les quatre de la tarda, mentre tothom estava assegut al vell temple, un jove advocat li va formular una pregunta a Amma: "Amma, sembla que es dóna per fet que la por és part de l'existència humana. La gent te por de tot: de perdre la feina, que la seva família no estigui prou segura, té por dels altres i de la societat. La humanitat ha creat tot un món de pors al seu voltant. Com ha pogut passar, això? Què les causa i com podem vèncer aquestes pors que van rosegant dins nostre la bellesa de la vida?"

Amma: "Altra vegada tornem a la ignorància. La ignorància de la nostra veritable existència en Déu, o l'*Atman*, és la causa de tota mena de pors. Un ésser humà hauria de viure la seva vida externa— el que fa per mantenir la seva existència física— d'acord amb la seva vida interior. Hi hauria d'haver un equilibri perfecte. Si la humanitat dóna prioritat al cos, tal com es fa avui dia, i deixa de banda l'ànima, viu amoïnada i amb ansietat i s'aferra a falses seguretats.

Hi havia un gran mestre que adoraven centenars de milers de persones de tot el món. La gent es meravellava de la puresa, la innocència i la profunda saviesa d'aquell mestre. Va transformar moltes vides per mitjà de la bellesa de les seves ensenyances i de l'amor i la compassió que manifestava. Per curiositat, els seus deixebles i devots li solien demanar que els revelés la font del seu coneixement i la seva puresa. Però el mestre únicament els deia: "Tot es troba en el llibre que heretareu quan jo abandoni el meu cos." Un dia el mestre abandonà el seu cos. Al cap d'uns quants dies, els seus deixebles van començar a buscar el llibre que havia esmentat fins que el van trobar. Però només hi havia una pàgina, i només hi havia escrita una frase: "Estimats fills, distingiu entre el recipient i el contingut i se us mostrarà la veritable coneixença, que dissiparà la por i les tenebres."

Fills meus, el secret és que el cos és el recipient i que el contingut, l'ànima, és una altra cosa. La llet és diferent de la gerra que la conté. La gerra no és pas la llet i la llet no és pas la gerra. La coneixença de l'Ésser elimina les pors inútils que bloquegen les nostres vides.

Com a éssers humans que som, volem aliment, vestits i un lloc on viure. És comprensible, perquè es tracta de les tres necessitats bàsiques del nostre cos i volem que les tingui cobertes. Però, què és el cos? D'on prové? Quina mena de poder es manifesta a través d'aquest cos, que fa que l'estimeu tant? Ben poques persones s'ho pregunten i s'hi interessen. La gent creu que el cos ho és tot, que no hi ha res més enllà de la seva existència corporal. Aquesta actitud els fa extremadament aferrats al cos i a la seva seguretat.

L' aferrament al cos provoca por en relació amb totes les coses de la vida. A mesura que augmenta l'aferrament al cos, l'ego creix i alhora creix la vostra por. L'aferrament al cos us fa estar aferrats al vostre ego, perquè us penseu que el cos és el més valuós que teniu. El voleu protegir de tol el que li pugui fer mal. Penseu que la seguretat del cos és l'única seguretat de l'existència. Quina llàstima! Quina llàstima que no entengueu que l'existència del cos depèn de l'ànima.

Cal comprendre adequadament la naturalesa del cos i de l'ànima. El cos canvia constantment mentre que l'ànima és immutable. Sense l'ànima immutable com a substrat, el cos mutable no podria existir. El cos que canvia constantment és moridor, mentre que l'ànima immutable és immortal. L'ànima immortal és la força vital, és l'arrel primària que aguanta l'arbre del cos.

El problema és que donem massa importància al cos extern i ignorem completament l'Ésser suprem no manifestat, que és l'origen de la nostra existència. Podem intentar de fer-nos reflexions com ara: "Només veig el cos, i no veig l'ànima i per això dono tanta importància al cos. Com puc creure en una ànima que és invisible?" Però això és com dir: "Com que només puc veure l'arbre, per què he de creure que té arrel, si no la veig? Cap persona amb una mica de seny diria una cosa així.

Imagineu que esteu contemplant un immens oceà. Esteu commoguts pel que veieu i penseu: "Que meravellós és l'oceà infinit! És tan vast i profund!"

Però tan sols en podeu veure la superfície— no podeu veure el món que existeix sota la superfície i no en podeu veure el fons. Oi que fóra poc savi afirmar que tot el que hi ha sota la superfície de l'oceà no existeix perquè és invisible des del lloc on el contempleu?

N'hi ha prou amb l'existència de la superfície de l'oceà per provar l'existència del sòl que hi ha en el fons. Sense el substrat que el sosté, el mar no podria existir. Fins i tot sense l'aigua, el sòl del fons existeix.

Per veure i experimentar el món que hi ha sota l'oceà i el sòl del fons cal submergir-se sota la superfície. Cal anar molt, molt endins de l'oceà. Igualment, per realitzar l'ànima cal anar més enllà del cos i penetrar profundament en el propi Jo.

Igual que experimentem admiració davant la immensitat de l'oceà, si poguéssim tenir el mateix sentiment d'admiració i meravella quan mirem totes les infinites manifestacions de la natura, mai no restaríem escèptics davant de la força vital interior que existeix com a únic substrat del món manifestat.

La por de l'ésser humà és deguda a la ignorància sobre la seva pròpia ànima, que és la força vital i el substrat de la seva existència. L'ésser humà creu que tan sols s'ha de preocupar per la seva existència física, que la vida consisteix únicament en el cos i res més. Aquest és el seu concepte de la vida; de fet, construeix tota la seva vida al voltant d'aquest concepte erroni. Després de centrar l'atenció en el cos i en l'ego, el pas següent és cercar-ne la seguretat. Es construeix un mur de falses seguretats al voltant d'això. L'ésser humà s'aferra a la seva casa perquè és una forma de seguretat; la feina o els negocis en són una altra; després la família i les diverses possessions. Pensa que la vida consisteix a aferrar-se en aquestes "seguretats" externes i que sense aquestes seguretats i sense el seu cos i el seu ego no hi ha existència. Per ell, tota la vida es pot resumir en dues paraules: cos i aferraments. Però no és pas culpa seva, ja que per ell l'existència és l'existència del cos i necessita tot un seguit de seguretats per al seu cos. Pobre, ha oblidat completament la vida interior.

La vida real es desenvolupa des de dins. Viure realment significa que l'ànima s'expressa per mitjà dels pensaments, les paraules i totes les accions que fem. Una persona perd la por en el moment que comprèn la naturalesa de l'ànima immortal.

En l'etapa actual, en canvi, l'ésser humà només està familiaritzat amb el cos moridor, que li provoca més i més pors i que l'empeny progressivament cap a la mort, que és la por més gran de totes.

La mort li ho arrabassarà tot, tot el que té i que considera seu. La mort és l'amenaça més gran per a l'ésser humà. Ningú no vol morir. La mort fa por només d'esmentar-la. Però la mort és una experiència com qualsevol altra."

Quan Amma parla, les seves paraules alcen el vol com si se n'anessin cel amunt i s'emporten els qui les escolten. Els seus mots i les seves expressions no sembla que vinguin d'una altra persona, d'un individu. Ressonen com si emergissin d'una cova profunda, d'una font antiga i desconeguda. Les paraules de la Mare actuen com un vehicle que transporta el qui les escolta cap als regnes profunds del món espiritual.

Amma es va posar a cantar *Marikkatta Manushyarundo.*

Marikkatta Manushyarundo

Existeix algú que no hagi de morir?
Hi ha un moment que el desig s'acaba?
Naixem en aquesta terra,
ens consumeix la tristesa
i després morim
per tornar a néixer.

Encara que l'ésser humà aprengui a riure,
quina grandesa té
si tem la mort?

Tot i néixer com a ésser humà,
quina glòria hi ha en la vida humana
si la por de la mort no se'n va?

Tot s'esdevé com el destí ho decideix
però, qui crea el destí?
Aquest món no pot portar mai a la felicitat.
Quan realitzem aquesta veritat
podrem renunciar a tot.

Capítol 11

La Mare omniscient

Era gairebé mitjanit i Amma es passejava entre els cocoters. De tant en tant es parava i mirava cap a l'est, com si esperés algú. Gayatri i els brahmacharis més grans li van dir diverses vegades que se n'anés a dormir. Amma s'hi refusà amablement i va romandre en el bosquet. Passaven uns minuts de les dotze quan va arribar a l'ashram una família molt nombrosa. Van esclafir d'alegria quan van veure que Amma era al bosquet de cocoters. La Mare els va cridar i els expressà el seu afecte i el seu amor, d'una forma maternal inimitable. Després es posà a parlar amb ells. Els residents de l'Ashram comprengueren aleshores per què no havia volgut anar-se'n a dormir.

Aquella família havia sortit de Quilon cap a les vuit del vespre amb la intenció d'arribar a les nou per veure la Mare. Pel camí se'ls havia avariat el cotxe i havien perdut molt de temps cercant un mecànic que els el reparés i per això se'ls havia fet tan tard. Havien decidit tornar a Quilon i anar un altre dia a veure Amma.

Però el fil petit, de cinc anys, va quedar molt decebut i no parava de repetir que volia veure la Mare aquell vespre. Hi va insistir tant que els seus pares finalment van cedir i van girar en direcció a l'Ashram. Les seves expectatives eren passar una estoneta respirant l'atmosfera de l'Ashram i tornar a Quilon. No podien ni imaginar-se de trobar Amma tan tard, per això es van quedar astorats en arribar i veure-La davant de l'entrada de l'Ashram, talment com si els estigués esperant.

Aquesta família tenia problemes greus. El simple fet de veure Amma va ser un gran consol per als seus cors adolorits.

Amma, la compassió encarnada, va restar amb ells més de dues hores.

A dos quarts de cinc del matí, Amma acabava de banyar-se i es passejava altra vegada per fora. Semblava fresca i radiant. Un *brahmachari* s'hi apropà i va suplicar-li: Per què no te'n vas a descansar una miqueta? Avui és Devi Bhava i no podràs reposar en tota la nit." Amma va respondre: "Fill meu, no s'ha de dormir durant l'*Archana*. Seria un mal exemple. Durant els cants dels noms sagrats tot l'Ashram hauria d'estar despert i vibrar amb l'energia espiritual que es crea. No hi hauria d'haver cap energia *tamàsica* en aquests moments." El *brahmachari* respongué: "Però, Amma, tu ets més enllà de tot. Tu ets la mateixa Devi. Ets lliure i res no t'afecta." La Mare respongué: "Si Amma no es lleva en aquesta hora vosaltres tampoc us llevareu. Això crearia problemes de disciplina a l'Ashram i cada u faria el que li semblaria. Ningú seguiria les regles si Amma no fa el que ensenya."

"Però, Amma, si el teu cos no reposa, no se'n ressentirà la teva salut?", va preguntar el *brahmachari*. "Tu ho sacrifiques tot pel bé dels altres, i nosaltres, els teus fills, què podem fer per tu?" El *brahmachari* gairebé plorava mentre deia aquestes paraules.

Amma li va donar uns copets afectuosos a l'esquena i li va dir: "No et preocupis per Amma."Assenyalant amb el dit el seu cos, la Mare afegí: "Aquest té cura d'ell mateix. Amma no ha vingut en aquest món per protegir el seu cos. Amma no es preocupa pel que afecta el cos; que tot faci la seva via. Amma desitja sacrificar-ho tot pel progrés dels seus fills i pel bé del món. Cal que seguiu estrictament les vostres pràctiques quotidianes i que us allibereu de l'ego. Amb això n'hi ha prou. Fill, Amma decideix tot el que afecta el seu cos i la seva existència en el món. Hi ha una missió per complir. Aquest cos no marxarà fins que s'hagi complert."

Amma va pronunciar les tres darreres frases com si es referís a marxar a un altre món. Per uns moments, el *brahmachari* va quedar perdut en la contemplació d'aquest fenomen indescriptible que és Amma. Tot seguit, La Mare se'n va anar a la sala de meditació on l'*Archana* del matí era a punt de començar.

Capítol 12

La mort només és un canvi

Amma estava asseguda a la riba d'una llacuna, que espurnejava amb la claror de la lluna. La lluna i els estels semblaven joies fulgurants damunt del cel blau marí.

Un *brahmachari* va preguntar a la Mare: "Amma, quina és la causa del sofriment i la por en el moment de la mort?"

Amma: "És el pensament que la mort destruirà tot el que teniu ; tot allò a què us sentiu lligats i us aferra és la causa del sofriment. El fet de tenir lligams provoca el sofriment. Si poguéssiu alliberar-vos de tots els aferraments, la mort esdevindria una benaurança. La mort se us enduu tot el que considereu vostre. Tot el que estimeu i us encanta, la vostra família, l'amor i el riure dels vostres éssers estimats, aquest món tan formós amb els seus tresors. Tot es fa fonedís. Només de pensar-hi ja tremoleu. Voleu oblidar la mort perquè penseu que us quedareu inconscients i deixareu d'existir. Això desfà el vostre entusiasme i us paralitza de por, malgrat que feu tot el possible per no pensar-hi.

Pregunta: "Amma, he entès que deies que la mort és una experiència com tantes d'altres. Què vols dir, amb això?"

Amma: "El naixement i la mort són dues experiències inevitables. En transcendir la mort també transcendim el naixement. Un ésser que percep el naixement i la mort com perfectament naturals, com qualsevol altra experiència de la vida, podrà viure una vida feliç i joiosa, ja que considera la vida i les seves experiències, bones o dolentes, com un joc. No es queixa de res ni critica mai cap persona o situació. Aquesta mena de persones tenen sempre un somriure als llavis que sorgeix de dins, malgrat que s'enfrontin a situacions difícils. Les paraules i les accions dels altres no els poden ferir ni fer enfadar. Com que estan establerts en un estat tranquil i de pau, gaudeixen de la vida amb la joia i la innocència d'un infant.

Igual que els moments feliços que experimentem a la vida, la mort pot ser una experiència joiosa. La gent normalment s'alegra del naixement d'un infant, però plora quan arriba la mort. El naixement i la mort són dos fets normals. Ara bé, per saber-ho cal transcendir l'ego i realitzar l'Ésser superior. Quan neix un infant, té lloc una transició. Però aquí no s'acaba el procés. El nen creix, travessa diferents etapes de la vida. El cos de l'infant esdevé adolescent, adult, després ve l'edat madura i finalment la vellesa. Es va produint el procés de transformació. Això no té res d'estrany. Hauríeu de veure la mort com una transformació normal, com els altres canvis del cos. El naixement no és l'inici de la vida ni la mort no és el final. El principi i la fi són relatius.

Quan neix una criatura, creiem que és el començament d'una vida. Ara bé, l'essència de la vida no és mai primera o darrera, nova o vella. És. Sense principi ni fi. Vida és un altre nom de Déu. Mentre és condicionada pel cos, s'anomena *jivatman*, i quan és lliure de tot condicionament se'n diu *paramatman*. La vida és, doncs, un altre nom de l'*Atman* o *Brahman*. La vida no té ni principi ni fi.

Un nou naixement no és l'inici de l'existència. Se'n podria dir un nou començament o una altra manera de continuar el viatge cap a l'origen real de l'existència. El naixement és el retorn d'un mateix contingut en un envàs diferent.

La mort no és pas una aniquilació total. És una pausa. És com prémer la tecla de pausa en un magnetòfon a mitja cançó. Si al cap d'una estona tornem a prémer el botó d'engegar, la cançó continua. La mort no és res més que un període de preparació abans de començar una altra vida. Desfem el paquet per tornar a embolcallar-lo de nou, si bé el contingut és el mateix.

El naixement i la mort són els dos esdeveniments més importants de la vida, dues experiències fortes. En saber que el naixement i la mort no són ni l'inici ni el final, la vida esdevé una bella benedicció.

Les experiències van succeint, però el subjecte interior, l'Ésser, Déu o la Vida resten immutables. Aquesta és la veritat que cal comprendre. El subjecte, és a dir, el substrat de totes les experiències, inclosos el naixement i la mort, és immortal i immutable. El subjecte us fa travessar totes aquestes experiències. Aquesta és la veritat que ni l'espai ni el temps no poden modificar.

El naixement i la mort només són una realitat relativa. Des del punt de vista últim, no són realitat. Com totes les experiències de la vida, són dos esdeveniments que tothom ha de passar. Ara bé, són, i de lluny, les dues experiències més fortes. A causa de llur intensitat, la natura ha inventat un mètode que fa que els humans oblidin aquests dos moments essencials de la vida. Són tan forts que és difícil de ser-ne conscient per a una persona ordinària. En aquests dos moments de la vida ens trobem completament indefensos. En el ventre de la mare i en el moment de sortir, el nadó està totalment indefens. Una persona que es mor es troba igual. Ambdues experiències fan recular l'ego a un segon pla, i no té cap poder.

Fills meus, no sou conscients del que us passa durant i després de la mort. Per viure plenament l'experiència cal no tenir por i ser-ne totalment conscient. Si teniu por, us tanqueu a l'experiència. Per viure conscientment la beatitud de la mort cal profunditat, superar la por, viure cada instant amb plena consciència, en un estat de total alerta.

Imagineu-vos que us fa molt de mal la panxa. Teniu consciència del dolor. El cos sent immediatament si l'aigua és freda o calenta. La pena que us causa la mort del vostre pare, o la joia que sentiu quan neix un infant són experimentades directament per la ment. El vostre intel·lecte reacciona immediatament als elogis o als insults que els altres us fan. En l'experiència del naixement i de la mort, la ment no està disponible per copsar-les. És per això que no són considerades experiències ordinàries.

Si sou capaços de restar conscients i vigilants en el moment de la mort, la mort es tornarà una experiència com les altres. Aleshores el naixement i la mort ja no són un problema i les podeu travessar somrient. La mort ja no és una experiència estranya. Ara bé, tot això no és possible si no esteu units al vostre Ésser veritable.

Pregunta: "Amma, per què no hi ha una experiència directa durant el naixement i la mort?"

Amma: "És per causa de la manca de consciència. El nostre nivell de consciència és molt baix. Encara que ens moguem i respirem, portem una vida bastant inconscient. Tot plegat ens porta als aferraments que tenim al món, i a una manca de visió fruit d'una comprensió errònia.

Un cop alliberats dels aferraments, la mort esdevé una experiència plena de beatitud. El centre de la vostra existència se situa en l'Ésser o *Atman* en el moment que us adoneu que sou Consciència suprema i no el cos físic. Us deixondiu i compreneu que estàveu dormint i que el somni és el món i les seves experiències, tot plegat un joc. Us retireu a observar aquest drama exquisit de la consciència. I us fa gràcia aquesta paleta plena de colors com si fóssiu un infant contemplant els colors de l'arc de Sant Martí, que en gaudeix bocabadat ; riureu d'alegria i continuareu rient, fins i tot davant de la mort, que no és sinó un altre joc vivent, un altre matís en els colors de l'arc de Sant Martí.

Quan aconseguiu aquest estat, les experiències com la joia o la tristesa, les lloances o els insults, el fred o la calor, el naixement o la mort, passen a través vostre. I resta el Subjecte més enllà de tot, el substrat de tota experiència, el testimoni, com un infant espectador d'un joc.

Fills meus, apreneu a fer cada acció conscientment. No s'ha d'escapar de la vostra atenció ni una respiració. Sigueu conscients de cada un dels moments. Si conreeu aquesta actitud, de mica en mica sereu plenament conscients, fins i tot de la mort.

Per arribar a l'estat de total unitat amb l'Ésser suprem, cal perdre's un mateix. D'això es tracta, i precisament és la nostra por més gran. Això és una forma de mort, i qui vol morir-se? Tothom vol viure. Ara bé, per viure plenament ens cal aprendre a estimar la vida en la seva essència i abandonar la resta. Abraceu la vida, amb els braços ben oberts i oblideu-vos dels aferraments. Deixeu tot allò que us lliga, les vostres queixes, pors i angoixes. Aquest deixar anar no és pas una pèrdua, ans al contrari, és el benefici més formidable que existeix. Us aporta l'univers sencer i esdeveniu Déu."

Capítol 13

Amma instrueix un cec

Hi havia un jove cec de naixement que s'estava a l'Ashram. Des que havia arribat, els brahmacharis en tenien cura i estaven atents a les seves necessitats. Li duien menjar i fins i tot l'ajudaven per anar al lavabo.

Un dia hi havia més visitants dels previstos per al darshan de la Mare. L'arròs i el curry que s'havien cuinat per dinar es van acabar i algunes persones es van quedar sense menjar. Va caldre fer més arròs i verdura. Enfeinats com estaven, els *brahmacharis* no es van recordar d'anar a cercar el jove cec perquè anés a dinar. Quan se'n van adonar, un *brahmachari* se'n va anar corrents a buscar-lo, però l'invident ja baixava les escales amb l'ajuda d'un devot. El *brahmachari* es va excusar i va explicar-li el que havia passat: "Tingues la bondat de perdonar-me. He estat tan ocupat servint el dinar al menjador que m'he oblidat de venir-te abuscar"

Però aquestes paraules no van apaivagar el jove, que se sentia ferit i estava enfadat: "Jo tinc diners, i si vull puc anar a menjar fora de l'Ashram." I després de dir això se'n va tornar a la seva habitació amb l'ajuda del devot.

El *brahmachari* no va donar importància al seu mal humor i va pensar que la gana li havia produït malestar. Al cap de poc va tornar, li va portar fruites i li digué: "El dinar serà a punt d'aquí a uns minuts. Jo et portaré el menjar, Mentrestant, si us plau, menja aquesta fruita". Però l'home, encara enfadat, va refusar la fruita.

La notícia va arribar a oïdes d'Amma i poc després Ella se'n va anar cap a l'habitació del cec. Va llançar una mirada seriosa al *brahmachari* i li va dir: "On és la teva *shraddha*? Per què no li has dut el menjar a l'hora? No saps que aquest fill és cec i no pot baixar tot sol? Si t'has pensat que no tenies temps per anar a buscar-lo almenys li hauries pogut portar el menjar a l'habitació. Si no sents compassió per persones com aquest fill, que necessiten ajuda, de què serveixen les teves pràctiques espirituals?" Fills meus, no perdeu ni una ocasió de servir els altres. Ningú no hauria d'esperar el moment que a vosaltres us vagi millor per rebre la vostra ajuda. Als despatxos, i en tots els llocs de treball, la gent respecta els horaris. Però la vida sencera d'un *sadhak* (buscador espiritual) està dedicada al servei dels altres. La recompensa no es rep amb un sou cada mes. La recompensa la rebeu en forma de puresa mental i de la Gràcia de Déu. Pel fet de no rebre la remuneració immediatament no heu de considerar poc important la vostra feina o pensar que es podrà fer més endavant. Aprofiteu al màxim qualsevol ocasió de servir els altres i feu la feina amb tot l'amor i la diligència possibles. Aleshores esdevindrà adoració. Servir realment consisteix a ajudar els desafortunats i a fer l'esforç de comprendre llurs necessitats i sentiments."

Amma va acariciar l'esquena del cec i li digué: "Estàs trist, fill meu? Els *brahmacharis* estaven atrafegats al menjador i no han pogut venir a buscar-te a l'hora. A més, el *brahmachari* que normalment t'ajuda avui no hi és. El seva de venir a buscar-te el va encarregar a un *brahmachari* que serveix el menjar al menjador. No pensis que ho han fet expressament. Hauries de ser una mica més flexible i adaptar-te a les circumstàncies del lloc on siguis. La paciència és necessària en un ashram. Com que ets aquí, de vegades hauries de fer un petit sacrifici. Així tu també rebràs la Gràcia de Déu.

Fill meu, la teva ceguesa no és pas un veritable problema. Recorda que ets més a prop de Déu, del teu veritable Ésser que molts dels que hi veuen. És cert que tu no pots veure el món però pots sentir la presència de Déu més bé que una persona dotada de la visió externa, si tens una comprensió justa i *shraddha*. Una persona amb mirada exterior s'allunya de Déu, de la seva veritable naturalesa, de l'*Atman*, perquè es decanta massa cap al món dels objectes. No et pensis pas que ets malaurat. Aprèn a adaptar-te a la vida. Sigues més tolerant i més pacient. Això t'ajudarà a experimentar la presència de Déu tant a l'exterior com a l'interior. Fill, hi ha milions de persones enfonsades en el dolor i desesperats malgrat tenir ulls per veure el món. Però també hi ha gent feliç i contenta tot i no veure-hi. Surdas, el gran devot de Sri Krishna, era cec, amb tot va viure completament feliç perquè tenia prou saviesa per comprendre el principi essencial de la vida. Gràcies al seu amor i devoció pel Senyor, va desenvolupar una visió interior i va conèixer la perfecta beatitud, malgrat la manca de visió exterior.

El jove plorava mentre escoltava les paraules de la Mare. Sanglotava com un infant. Els *brahmacharis* i alguns devots que ho escoltaven tampoc van poder aguantar-se el plor. Les paraules de la Mare eren plenes d'un intens amor. Tot passant dolçament la mà per l'esquena del ceguet, li eixugava les llàgrimes. Amma li va preguntar: "Fill meu, has dinat?" El noi va moure el cap de dreta a esquerra i va dir, amb una veu ofegada: "Estic satisfet amb la teva presència i sentint les teves paraules. Ja no tinc gana. Les teves paraules han omplert el meu cor de joia."

La Mare va demanar a un *brahmachari* que li portés un plat de menjar. Quan va arribar amb un plat d'arròs i curry, Amma va fer venir el cec al seu costat i li va donar el menjar amb les seves pròpies mans. Amma li posava les mandonguilles d'arròs a la boca com una mare ho faria amb el seu fillet, amb paciència, esperant que s'empassés lentament el menjar. Li va péixer tot el plat d'arròs. Els testimonis de l'escena van quedar profundament emocionats en veure l'amor diví i pur que emanava de la Mare. A poc a poc tothom va iniciar un càntic:

Kannilengillum

Avui he vist el meu Krishna,
l'estimat de Radha,
no amb aquests ulls
sinó amb l'ull intern.

He vist el lladre de la ment,
la bellesa personificada,
el músic diví;
he vist el Senyor de la Unitat.

Era tan blau com l'oceà?
Els Seus cabells rinxolats eren
guarnits amb una ploma de paó?

No ho puc dir pas,
però he vist Sa forma misericordiosa
en el so de la flauta

Glossari

Adharma: L'acció injusta, el pecat, oposat a la noció d'harmonia divina.

Agamas: Les Escriptures.

Arati: Al final de la puja (adoració), ritual que consisteix a descriure cercles amb un plat que conté càmfora encesa, que en cremar no deixa cap residu i simbolitza la destrucció total de l'ego. Aquest ritual simbolitza l'ascens de la Kundalini.

Archana: Una manera d'adorar la divinitat repetint-ne els cent vuit o els mil noms.

Arjuna: El tercer dels cinc germans Pandaves. Un gran arquer i un dels herois de l'epopeia Mahabharata. Va ser amic i deixeble de Krishna. Krishna parla amb Arjuna en el Bhagavat Gita.

Ashram: Estatge o residència d'un mestre.

Atman: L'Ésser. Una de les afirmacions fonamentals del Sanatana Dharma (hinduisme) consisteix a dir que no som el cos físic, ni el sentiment, ni la ment, l'intel·lecte o la personalitat. Som l'Ésser etern, que res no pot afectar.

Aum: Síl.laba sagrada. El so primer o la vibració que representa Brahman i tota la creació. Aum és el mantra primordial i el trobem sovint a l'inici dels altres mantres.

Avadhut/a: Una ànima realitzada que ha transcendit totes les convencions socials.

Bhagavad Gita: L'ensenyament de Sri Krishna a Arjuna al començament de la guerra del Mahabharata. Es tracta d'una guia pràctica adreçada a tots els homes per ajudar-los en la vida quotidiana. Conté l'essència de la saviesa vèdica. Bhagavad significa "del Senyor" i Gita "cant", i més concretament instruccions.

Bhagavata(m): El llibre que explica les encarnacions del déu Vishnu, especialment les històries de la infantesa de Krishna. Aquest llibre ensenya la supremacia de la vida devocional. És part dels Puranes.

Bhagavati: La deessa de les sis virtuts: prosperitat, valentia, una natura favorable, coneixement, desidentificació i autoritat.

Bhajan: Cant devocional o himne.

Bhakti: Devoció.

Bhava: Una actitud, un estat interior humà.

Bhava Darshan: Darshan en el qual Amma rep els devots en l'estat exultant de Mare Universal.

Bhava Samadhi: Unió completa de la ment amb Déu gràcies a la devoció.

Brahma: L'aspecte de Déu associat a la creació de l'univers.

Brahman: L'Absolut, el Tot, l'Ésser suprem més enllà de tot nom i tota forma, que ho engloba tot i ho impregna tot. És U i indivisible.

Brahmachari/ni: Estudiant celibatari, deixeble d'un guru, que practica les disciplines espirituals.

Brahmacharia: La castedat. (La definició que en dóna Amma és més àmplia: es tracta de renunciar a tot pensament, paraula i desig que no porti cap a Déu).

Darshan: Entrevista amb un Ésser Sant o una divinitat. Visió d'un Ésser sant o d'una divinitat.

Deva(ta): Semidéu , ésser celestial.

Devi: La Deessa.

Devi Bhava: Estat diví, identificació amb la Deessa.

Devi Mahatmyam: Un himne molt antic i sagrat de lloança a la Deessa.

Dharma: El que sosté l'univers. La paraula dharma té molts sentits entre els quals hi ha : la llei divina, la llei de l'existència, l'acord amb harmonia divina, el dret, la religió, el deure, la responsabilitat, la veritat, la justícia, la bondat i la veritat. Dharma designa també els principis que constitueixen el cor de la religió. El dharma de l'ésser humà és realitzar la seva maduresa divina innata.

Duriodhana: Fill del rei cec Dhritharasthra; és el dolent de la guerra del Mahabharata i el cap dels Kauraves.

Gita: Cant. (vegeu Bhagavad Gita).

Gopa: Pastor, company de Krishna..

Gopi: Vaquera. Nom usat en l'hinduisme per referir-se a un grup de noies vaqueres famoses per la seva devoció incondicional a Krishna.

Guru: Mestre. Guia espiritual (en sànscrit significa "el que dissipa les tenebres").

Gurukula: L'ashram d'un guru, amb una escola on els alumnes, mitjançant l'estudi i el servei, adquireixen els coneixements fonamentals en els aspectes espirituals i profans.

Japa: La repetició d'una frase mística (mantra).

Jivatman: L'ànima individual.

Jnana: Saviesa espiritual o divina.

Kali: Un aspecte de la Mare Divina. Des del punt de vista de l'ego pot semblar terrible ja que el destrueix. Ara bé, si destrueix l'ego i ens transforma és per compassió. Una compassió incommensurable. Un devot sap que darrere de l'aparença cruel, Kali és la Mare amorosa que protegeix els seus infants i els recorda la gràcia de l'alliberament.

Kamsa: Oncle endimoniat de Krishna.

Kanji: La flor de l'arròs. El suc que en surt en bullir-la.

Kanna: El que té bells ulls. El nom del nadó Krishna, que a voltes és adorat sota la forma de l'infant diví.

Karma: Acció.

Kauraves: Els cent fills de Dhiritarashtra, enemics dels Pandaves, que s'enfrontaren a la guerra del Mahabharata.

Kesava: El que té uns cabells llargs i bonics. Un dels noms de Krishna.

Kirtan: Himne.

Krishna: L'encarnació més coneguda del déu Vishnu. Va néixer en una família reial, però va créixer a casa dels seus pares adoptius com un pastoret, a Vrindavan, on va ser estimat i adorat pels seus companys, les gopis i els gopas. Era el cosí i conseller dels Pandaves, especialment d'Arjuna, al qual revelà els ensenyaments del Bhagavat Gita.

Lakshman: El germà de Sri Rama.

Lakshmi: L'esposa de Vishnu. Deessa de la prosperitat.

Lakshia Bodha: El record constant de la meta on s'ha d'arribar i la determinació d'arribar-hi.

Lalita Sahasranama: Els mil noms de la Mare Universal sota la forma de Lalitambika.

Lila: Joc. Els moviments i les activitats de la Divinitat, que són lliures per naturalesa i no obeeixen cap llei.

Madhava: "El qui és dolç com la mel". Un dels noms de Krishna.

Mahabharata: Gran epopeia de l'antiga Índia escrita pel savi Vyasa, en la qual descriu les lluites entre els Kauraves i els Pandaves, cosins de Krishna. Els enfrontaments acaben en una guerra catastròfica.

Mahatma: Gran ànima. Savi.

Mantra: Fórmula secreta o pregària que es repeteix sense parar. Aquesta repetició desperta l'energia espiritual latent en nosaltres, purifica la ment i ens ajuda a aconseguir la meta. El mantra és més eficaç si el dóna un Mestre en una iniciació.

Maia: Il·lusió. El vel diví sobre el qual Déu, en el joc de la creació, s'amaga i fa la impressió de la multiplicitat que crea il·lusió i separació. Maia cobreix la realitat i ens enganya fent-nos creure que la perfecció i la felicitat es troben fora de nosaltres.

Moksha: L'alliberament. El fet de sortir del cicle de naixement i mort.

Mol(e):Filla (en malayalam).

Mon(e): Fill (en malayalam)

Mudra: Un signe fet amb la mà que indica veritats espirituals místiques.

Mukta: L'alliberat.

Mukti: L'alliberament.

Namah Shivaya: Mantra que significa "Salutacions al qui és propici (Shiva)".

Naraianaiam: La història de la vida de Sri Krishna escrita pel gran devot Naraiana Battatiri, de Kerala.

Om: Síl·laba mística que representa la Realitat Suprema.

Pada Puja: Adoració als peus de Déu, d'un guru o d'un sant. Tot el cos reposa sobre els peus. El principi del guru és també el suport de la veritat suprema. Els peus del guru representen la veritat suprema.

Pandaves: els cinc fills del rei Pandu, els herois del Mahabharata.

Paramatman: L'ànima suprema, Déu.

Parabdha: Responsabilitats o càrregues. També els fruits de les accions passades que es manifesten mitjançant el destí en la nostra vida.

Prasad(am): Ofrenes consagrades repartides després de la puja.

Prema: Amor suprem.

Puja: Adoració.

Purnam: Complet o perfecte.

Putana: Dimoni femení que intenta matar el nen Krishna enverinant-li la llet que beu. Però és ella qui mor, ja que l'infant xuclà la seva força vital.

Rajasuya Yagna: Un sacrifici vèdic fet pels reis.

Rama: L'heroi de l'epopeia del Ramaiana, obra del savi Valmiki. Encarnació de Vishnu i ideal de justícia.

Ravana: El dolent del Ramaiana, que va raptar Sita, l'esposa divina de Rama.

Rishi (de l'arrel rsi = saber): Ésser realitzat. Visionari. Normalment s'usa per referir-se als set savis de l'antiga Índia, ànimes realitzades capaces de "veure" la veritat suprema, d'expressar-la en els Vedes.

Sadhak: Persona que ofereix la seva vida a l'espiritualitat i s'esforça a arribar a la meta mitjançant una disciplina espiritual (Shadana).

Sadhana: Pràctica espiritual.

Sahasranama: Himne dels mil noms de Déu.

Samadhi (de sam = amb ; adhi = el senyor; unió amb Déu): Estat de profunda concentració sobre un objecte, en la qual tot altre pensament s'esvaeix. La ment entra en un estat de perfecta tranquil·litat, en el qual només hi ha la Consciència pura, ja que es descansa en l'Ésser (Atman).

Samsara: El món de la pluralitat, el cicle de les morts i renaixences.

Samskara: Tendències mentals acumulades per les accions passades.

Sankalpa: Resolució que es manifesta com un pensament, sentiment i acció. El sankalpa d'una persona ordinària no porta sempre resultats, però el sankalpa d'un savi és infal·lible.

Sannyasi(n): Asceta que renuncia a tot lligam amb el món. Un sannyasi es vesteix amb roba de color ocre, que simbolitza el trencament amb tots els lligams.

Satguru: Mestre espiritual realitzat.

Satsang: Companyia de savis i éssers valuosos. També discurs espiritual pronunciat per un savi o erudit.

Shakti: L'aspecte dinàmic de Brahman sota la forma de la Mare Universal.

Shanti: Pau.

Shiva: "El favorable, el bo, ple de gràcia." És també l'aspecte de la Trinitat associat a la destrucció de l'univers, destrucció del que no és real.

Shraddha: Fe. Amma utilitza aquest terme posant l'accent en la vigilància, en el fet de tenir cura amb amor en realitzar una feina.

Sishya: Deixeble.

Sita: Esposa de Rama. A l'Índia es considera l'ideal de dona.

Sloka: Verset en sànscrit.

Sri: Tractament respectuós.

Srimad Bhagavatam: Vegeu Bhagavatam Srimad.

Sutra. Aforisme.

Tablas: Una classe de timbal indi.

Tapas: Literalment "escalfor". La pràctica d'una ascesi espiritual. Disciplina, penitència, sacrifici, pràctiques espirituals que cremen les impureses de la ment.

Tapasvi: Persona que practica una ascesi espiritual.

Tattva: Principi.

Uddhava Gita: Diàleg entre Sri Krishna i el seu gran devot Uddhava. Aquest diàleg es troba al Bhagavad Gita.

Upanishads: L'última part dels Vedes, on s'explica la filosofia de la no-dualitat.

Vasanes:. (de l'arrel vas= vivent, restant). Les vasanes són les tendències latents o els desitjos subtils de la ment, que tenen tendència a manifestar-se en forma d'accions o hàbits. Les vasanes són resultat d'experiències passades la impressió de les quals resta a l'inconscient.

Vedes: Literalment "coneixement, saviesa". Les Escriptures reverenciades pels hinduistes. Un recull de textos sagrats dividit en quatre parts: Rig, yajur, sama i atharva. El conjunt dels Vedes consta de 100.000 versos, així com d'escrits en prosa. Les parts més antigues van ser compostes a l'entorn de l'any 6000 aC i van ser posades per escrit, en sànscrit, entre el 2000 i el 500 aC. Són els escrits més antics que existeixen. Els Vedes es consideren la revelació directa de la Veritat suprema atorgada per Déu als rishis.

Veda Vyasa: Vegeu Vyasa.

Vedanta: (el fi dels Vedes). La filosofia dels Upanishads que declara que la Veritat Última és "una i indivisible".

Vedantí: Adepte a la filosofia Vedanta.

Vishnu:(el que ho impregna tot): Un dels noms de Déu. Vishnu descendeix a la terra com a encarnació divina ja que el món té necessitat urgent de la seva gràcia. Normalment és adorat sota la forma de les seves dues encarnacions Krishna i Rama. Representa també l'aspecte de la Trinitat associat a la preservació de l'univers.

Vishvarupa: La forma universal de Déu.

Viveka: El discerniment.

Vyasa: Un savi que va dividir el llibre dels Vedes en quatre parts i que va compondre 18 Puranes, així com el Mahabharata i el Bhagavatam.